高等职业教育汽车类教学改革成果教材

汽车维护与保养

主　编　张　宇　黄秋菊
副主编　马国宾　杨凤英
参　编　刘京南　于星胜　张　敏
　　　　张立新　于海博
主　审　孙百鸣

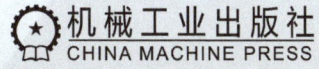

本书是根据引进的德国机电维修技师课程项目单（工作页），经过本地化改编而成。本书参照德国汽车职业教育教学模式，以面向工作过程的方式组织内容，以"项目+任务"式的课程方式促使教师按照项目教学法、工作流程导向法、情境教学法组织教学，实现培养学生专业能力、个人能力、社会能力的教学目标。

全书共7个学习项目，包括22个学习任务，共72课时，内容包括发动机的维护与保养、底盘的维护与保养、整车电器的维护与保养、车辆油液的检查与更换、车辆供给系统与电控系统的维护与匹配、车身及附件的维护与保养以及轿车30 000km维护保养等一系列的维护保养内容。

本书专用于高等职业院校汽车检测与维修类专业学生课堂使用。本书配套有相应的电子版教学资源文件包供"双师型"教师教学使用。本书还配有二维码视频链接，读者可通过手机扫码观看视频。

图书在版编目（CIP）数据

汽车维护与保养/张宇，黄秋菊主编.—北京：
机械工业出版社，2018.4（2024.1重印）
高等职业教育汽车类教学改革成果教材
ISBN 978-7-111-59899-2

Ⅰ.①汽… Ⅱ.①张… ②黄… Ⅲ.①汽车-车辆修理-高等职业教育-教材②汽车-车辆保养-高等职业教育-教材 Ⅳ.①U472

中国版本图书馆 CIP 数据核字（2018）第094063号

机械工业出版社（北京市百万庄大街22号 邮政编码100037）
策划编辑：王海峰 赵志鹏 责任编辑：王海峰 谢熠萌
责任校对：陈 越 封面设计：鞠 杨
责任印制：单爱军
北京虎彩文化传播有限公司印刷
2024年1月第1版第7次印刷
184mm×260mm・16印张・291千字
标准书号：ISBN 978-7-111-59899-2
定价：72.00元

电话服务 网络服务
客服电话：010-88361066 机 工 官 网：www.cmpbook.com
　　　　　010-88379833 机 工 官 博：weibo.com/cmp1952
　　　　　010-68326294 金 书 网：www.golden-book.com
封底无防伪标均为盗版 机工教育服务网：www.cmpedu.com

前 言

教育部在《关于推进高等职业教育改革创新引领职业教育科学发展的若干意见》中提出,要深化工学结合、校企合作、顶岗实习的人才培养模式改革,实现专业与行业(企业)岗位对接,教学内容与职业标准对接,教学过程与企业的生产过程对接,学历证书与职业资格证书对接,职业教育与终身教育对接;校企合作共同开发课程和教学资源;推行项目导向、任务驱动等学做一体的教学模式。

双元制是源于德国的一种职业培训模式。所谓双元,是指职业培训要求参加培训的人员必须经过两个场所的培训,一元是指职业学校,其主要职能是传授与职业有关的专业知识;另一元是企业或公共事业单位等校外实训场所,其主要职能是让学生在企业里接受职业技能方面的专业培训。

本书所设计的教学过程与企业的实践过程实现了完全的对接,并参照德国的双元制模式进行编写。教学过程突出"七分实践,三分理论"的方式,围绕着汽车各系统的检查、维护等内容展开,并以企业车间为背景环境开展教学。

每个项目通过一个真实的案例引出需要学习的内容,通过完成这个案例所需的若干学习任务,完成需要学习的内容。部分任务还配有二维码视频链接,读者可通过手机扫码观看视频。

在学习过程中要经过资讯——决策——计划——实施——检查等步骤:

资讯——完成任务所需要的基础知识、资料信息、工具使用等。

决策——对学生进行分组,明确负责人以及各组员职责。教师对各组任务进行布置,引导学生对故障进行相应的问诊,提示学生安全注意事项以及准备工作。

计划——学生根据理论知识以及查阅维修手册,对即将开始的工作制订出完整的工作计划(要求学生按组或独立制订)。教师审核计划是否能够安全执行,并对学生的工作计划进行点评。

实施——教师准备场地、设备设施、工具资料等。学生按照工作计划实施,并将实施的结果填写到相应的表格内。

检查——学生验证故障是否真正排除并将方法例出。教师通过各种方式验证学生掌握的内容(填空、问答、演讲等),并且对本课堂的内容进行总结、汇总、延伸。

本教学过程一共为 72 课时，其中理论 20 课时，实操为 52 课时。

本书由哈尔滨职业技术学院张宇、黄秋菊任主编，哈尔滨职业技术学院马国宾和杨凤英任副主编，哈尔滨职业技术学院孙百鸣主审。其中，张宇编写了项目一、项目二、项目四、项目五，黄秋菊编写了项目七，马国宾编写了项目三，杨凤英编写了项目六。参加编写的还有刘京南、于星胜、张敏、张立新、于海博等。本书的编写得到了哈尔滨职业技术学院有关领导的大力支持，也得到了以上各位老师的大力支持和理解，在此一并致谢！在编写过程中，我们参阅、援引、选用了有关专家学者的教材、著作和报刊资料，限于篇幅，难以一一列出，谨向作者致谢！

由于编者的经历和水平有限，书中难免有不妥或者错误之处，敬请广大读者和同行提出宝贵意见（发送至 haitian8850@163.com），以便再版修订时改正。

编 者

二维码索引

序号	名称	二维码	页码	序号	名称	二维码	页码
1	空气滤清器滤芯的清洁与更换		5	6	更换制动盘和制动片		79
2	1.8TSI 发动机正时链条的安装和调整		32	7	车辆外部灯光检查及手势		84
3	1.8TSI 发动机正时链条的拆卸		32	8	汽车制动液的更换		141
4	传动与转向系统的检查		56	9	喷油器的清洗与检测		159
5	行驶与制动系统的检查		69	10	诊断仪的使用及电控系统检查		169

目 录 CONTENTS

前　言 III

二维码索引 V

项目一　发动机的维护与保养 1
　　任务一　清洁发动机舱 2
　　任务二　发动机油液及其渗漏检查 14
　　任务三　发动机传动带及其张紧度的检查与调整 25
　　任务四　发动机舱内电器的检查与维护 33

项目二　底盘的维护与保养 49
　　任务一　传动系统与转向系统的检查与保养 50
　　任务二　行驶系统的检查与保养 59
　　任务三　制动系统的检查与保养 73
　　任务四　底盘系统其他部位的检查与保养 78

项目三　整车电器的维护与保养 83
　　任务一　车辆外部灯光的检查 84
　　任务二　车辆内部电器及其他部件的检查 91

项目四　车辆油液的检查与更换 103
　　任务一　检查更换发动机润滑油（机油）、机油滤清器及
　　　　　　燃油滤清器 104
　　任务二　检查更换变速器油及转向助力液 122
　　任务三　检查更换制动液 134
　　任务四　检查更换发动机冷却液 145

项目五　车辆供给系统与电控系统的维护与匹配 153
　　任务一　燃油供给系统的保养与维护 154

　　　　任务二　诊断仪的使用和电控系统的检查 164
　　　　任务三　节气门的清洗及匹配 173

项目六　车身及附件的维护与保养 179
　　　　任务一　车身清洁及外观附件的检查与维护 180
　　　　任务二　车身附件检查 185
　　　　任务三　车内附件检查 194

项目七　轿车30 000km维护保养 205
　　　　任务一　汽车各级维护保养分类操作 206
　　　　任务二　轿车30 000km维护保养综合操作 225

附　录　常用工具和仪器 243

参考文献 246

项目一
发动机的维护与保养

➔ 项目导入

  一辆帕萨特轿车，行驶 30 000km，到 4S 店做保养。维修人员对车辆做好防护后，对其进行发动机舱内检查与维护。

- 车　　型：帕萨特，1.8ANQ 发动机。
- 年　　款：2005 年 1 月。
- 行驶里程：30 000km。
- 变速器：手动。

➔ 学习内容

- 轿车发动机舱的清洁保养。
- 轿车发动机舱内油液的渗漏检查。
- 轿车发动机传动带与其张紧度的检查与保养。
- 轿车发动机舱内电器的检查与维护。

➔ 学习目标

- 能够明确发动机舱内部检查项目的内容和技术要求。
- 能够熟练按照检查项目操作规范和操作步骤进行保养操作。
- 能够熟练使用相应工具根据项目要求完成工作内容。
- 能够对检查结果进行初步判断。

→ 项目实施

任务一　　清洁发动机舱

一、任务解析

通过本任务的学习，学生能够进行车辆保养前的准备工作，能够完成车辆接待及发动机舱内的清洁工作，并且能够清洁（更换）空气滤清器滤芯及空调滤芯，清理流水槽，为后续保养的顺利进行打下良好的基础。

二、资讯

（一）第一次咨询

1. 车辆维护前的准备工作

在车辆进行维护之前，维修人员需要了解车辆的相关信息，如生产年份、车牌号码、车辆识别代码、发动机型号和排量以及行驶里程等。车辆驶入工位以后，首先要对车辆安装车轮挡块，进一步保证维护作业的安全进行。为了避免在维护的过程中维修人员将车辆表面磨损或者弄脏污，一般需要使用三件套（座椅套、转向盘套和脚垫）对车辆进行必要的保护。

检查并确认车辆安装三件套以后，则开始举升车辆。待举升车辆驶入后，应将举升机支撑块调整移动对正该车型规定的举升点。四个支角应在同一平面上，调整支角胶垫高度使其接触车辆底盘支撑部位。再将举升机的举升臂按图1-1架好车辆支撑，拉紧驻车制动器手柄。举升时人员应离开车辆，举升到需要高度时，必须插入保险锁销，并确保安全可靠才可开始车底作业。

到达要求的高度以后，拉起发动机罩开关，变速杆置于空档，拔下车钥匙，打开发动机罩并支撑好，发动机罩扣手位置如图1-2所示。铺好翼子板防护罩，如图1-3所示。

2. 发动机舱的清洁及流水槽的清理

（1）发动机舱的清洁　洗车对于大多数车主来说是一件很平常的事情，但对于清洗发动机舱，相信没有几个人会这么做。其实定期清洗一下发动机舱好处还是很多的。

图1-1 车辆支撑点

图1-2 帕萨特轿车发动机罩扣手

图1-3 翼子板防护罩

比如，保持发动机舱清洁可以有效减缓电路、橡胶管路和其他零部件老化的速度；清除油泥可减小自燃的概率。其简单的操作大家可以自己完成。

打开发动机罩后，将其支撑好，用气泵连接清洗壶，对发动机表面进行喷洗，通常清洗壶中可放入汽车发动机外部泡沫清洗剂或稀释的洗洁精等。注意此时发动机一定是处于冷车的状态，因为在发动机舱高温时用水冲洗，会产生大量的水蒸气，这些水蒸气若渗透进电路和其他设备中，对车的伤害会很大，同时也会影响发动机的使用寿命。之后，我们用稍微湿的抹布将发动机舱内表面的灰土进行擦拭，处理干净即可。此外还需注意一点，清洁时不要直接对发动机舱内线束插接器所在位置进行喷洗，以免造成插接器内部短路。

（2）流水槽清理　流水槽主要起引导风窗玻璃流下的雨水的作用，使雨水顺利地排到车下，防止雨水流进发动机舱中。提醒大家一定要注意，经常把车停在露天树下的车，前风窗下的流水槽会积有很多树叶和泥，要及时清理掉，一旦树叶和泥把流水槽下面的出水口堵塞，这里就会过多积水，而风窗下面左方就是车载计算机，很容易被水浸泡，这对车辆是很大的一个安全隐患。所以，为防止流水槽排水口堵塞，雨水排泄不畅，每次保养时或者在日常生活中，驾驶人都应清洁、疏通流水槽，如图1-4所示。

3. 空调滤芯的清洁或更换

帕萨特轿车空调滤芯的安装位置位于发动机舱右侧（副驾驶座前方）盖板下方，如图1-5所示。也有的安装于驾驶室内部杂物箱位置，如图1-6所示。

图1-4　帕萨特轿车发动机舱流水槽

图1-5　帕萨特轿车空调滤芯的安装位置

图1-6　空调滤芯在驾驶室内的安装位置

空调滤芯的主要作用是过滤空气中的粉尘、花粉等对呼吸器官有刺激或有害的颗粒物，另外，滤芯中的活性炭还起到一定的除臭作用。

目前的空调滤芯都是纸质的，虽然有些加有钢丝网、海绵之类的，但是不可水洗，也不可用清洗液清洗，一旦沾上液体就会变形或者漏洞。通常情况下的处理办法是拆下空调滤芯后反向轻轻敲击使一些灰尘和较大的颗粒物脱落，再用压缩空气从反向吹，最后再用细小的铁丝之类的工具清理一下。如果有卡在缝隙里面的污垢无法清理，就可以直接换掉滤芯。

4. 发动机空气滤清器的清洁或更换

发动机空气滤清器安装于发动机舱中，如图 1-7 所示。它的主要作用是过滤空气中的灰尘和颗粒物质，防止其进入发动机气缸体内，从而对发动机气缸造成磨损。

空气滤清器滤芯
的清洁与更换

图 1-7　空气滤清器的安装位置

当汽车行驶里程达到空气滤清器维护规定的间隔里程，或空气滤清器堵塞指示灯报警时（不论行驶里程数的多少），必须清扫空气滤清器，具体步骤如下。

第一步：清洁空气滤清器滤芯。

松开滤清器锁扣，卸下固定滤芯的螺母，取下护盖后拔出滤芯。用抹布蘸汽油擦拭空气滤清器壳内、外部。

检查滤芯污染的程度并进行清洁。当滤芯积存为干燥的灰尘时，可用压力不高于 500kPa 的压缩空气，从滤芯内侧开始，上下均匀地沿斜角方向吹净滤芯内外表面的灰尘。如果没有压缩空气，可用螺钉旋具柄轻轻敲打滤芯，再用毛刷刷净外部污垢。

操作时，不得用大力敲打或碰撞滤芯。在清洁时，如果发现滤芯损坏，应更换滤芯。正常使用的纸质滤芯应按规定时间间隔更换。

第二步：检查清扫干燥后的滤芯。

将照明灯点亮放入滤芯里面，从外部观察有无损伤、小孔或变薄的部分，检查橡胶垫圈有无损伤。如有异常，应更换滤芯和垫圈。

第三步：更换空气滤清器的滤芯。

根据各车型的规定进行更换，同时参考车辆的维修手册。更换滤芯时，应注意检查新滤芯有无损伤，垫圈是否有缺损情况，发现缺损，应予以配齐。

第四步：安装空气滤清器。滤芯清洁完毕后，按与拆卸相反的顺序，将各部件安装好。必须可靠地装好滤芯，不宜用手或器具接触滤芯的纸质部分，尤其不能让油类污染滤芯。

除了上述四个步骤之外，还需要强调一点：在检查和更换空气滤清器和空调滤芯时，应先清理流水槽及发动机舱进气口周围，防止灰尘和其他有害物质落入进气道和空调通风系统中，另外也应将空气滤清器壳体内的细小灰尘清理干净。

（二）第二次咨询

汽车维修企业中使用的举升机主要有双柱举升机、四柱举升机和剪式举升机，下面分别对这三种举升机的使用方法和注意事项进行介绍。

1. 双柱举升机

双柱举升机的外观图如图1-8所示。双柱举升机的各组成部件见表1-1。

图1-8　双柱举升机外观图

表 1-1 双柱举升机各组成部件名称

部件图片	部件名称
	托臂锁
	防撞垫
	螺纹托盘
	链条
	液压缸限位
	电动机

（续）

部件图片	部件名称
	托臂
	保险钢丝拉绳

（1）双柱举升机操作步骤及使用注意事项

步骤一：将车辆驶入工位，注意车辆前端靠近两个较短的支臂，后端靠近两个较长的支臂。

步骤二：举升臂应尽量缩到最小长度，以保证托臂的工作最稳定。胶垫应放在车辆规定举升部位下面的中部，并调节举升胶垫以便均匀接触。

步骤三：按住上升按钮，先将举升臂升至举升胶垫完全接触车辆，检查是否已牢固负载。

步骤四：缓慢将车辆从地面升起，确保平衡负载，再举升至所需工作高度。

步骤五：到达所需高度后，松开上升按钮，按压泄压阀，将车辆降低至安全保险位置，即可进行维修工作。

步骤六：放下车辆前应先举升车辆，将安全保险打开，再按下降按钮（即泄压阀）使车辆缓慢下降至举升臂最低位置为止，移开举升臂，驶出车辆。

（2）双柱举升机维护要求

每月进行：

①检查并重新拧紧地脚螺栓；

②用喷雾润滑剂润滑链条/缆索；

③检查所有的链条、连接器、螺栓和销，确保可靠牢固；

④目测检查所有的液压管路可能出现的磨损情况；

⑤检查立柱内侧的滑块运动是否正确润滑，及时补充高质量的高黏度润滑脂。

所有的地脚螺栓都应该完全拧紧。如果有螺栓因故不起作用的话，举升机不应使用，直至重新更换螺栓为止。

每六个月进行：

①对所有运动部件可能发生的磨损进行目测检查；

②检查所有滑轮的润滑情况，如果滑轮在升降期间出现拖动现象，则要对轮轴添加适量润滑油；

③检查并调节平衡缆索的张力，以确保举升机的水平升降；

④检查柱体的垂直度，各个立柱内角应用润滑脂润滑，以便将滑块的摩擦减少到最低限度，以保证举升机的平滑、均匀提升。

2. 四柱举升机

四柱举升机的外观如图1-9所示。

图1-9 四柱举升机外观图

下面对四柱举升机的使用方法及注意事项进行简单的介绍。

（1）四柱举升机的使用方法

1）使用前必须对各部位进行日常检查，检查液压油油箱的油位是否正常。

2）进行空载试车，具体步骤如下：

①接通电源开关；

②按上升按钮，工作平台应能正常上升，松开按钮，工作平台应能可靠停止；

③上升到一定高度后停止，将工作平台挂钩挂上，此时四个挂钩必须能可靠地挂在立柱内的挂板上；

④转动换向阀供气时，四个挂钩应能完全脱离挂板；

⑤按下降按钮，工作平台应以正常速度下降，松开下降按钮，工作平台应能可靠停止。

3）举升机的负载作业。

①将汽车驶上工作平台后，拉紧驻车制动器手柄（手刹），驾驶人撤离工作平台；

②将防滑支座可靠地垫在汽车轮胎的前、后方；

③不供气状态下，按上升按钮，将工作平台升至所需的高度；

④点动下降按钮，使四个挂钩均可靠地支承在挂板上，此时方可进入工作区进行维修或调整作业；

⑤修理或调整工作完毕后，点动上升按钮，将换向阀转至供气位置，使四个挂钩脱离挂板，按下降按钮，工作平台下降；

⑥工作平台降至下极限位置时，撤去防滑支座，将汽车驶离工作平台。

（2）四柱举升机的使用注意事项

①汽车停放的位置应使其重心接近工作平台的重心；

②工作平台升降过程中，任何人员不得滞留于工作平台上或工作平台下面；

③只有在确定四个安全挂钩挂上后，人员方可进入工作区；

④在工作平台停留的汽车必须拉紧驻车制动器手柄及垫好防滑支座；

⑤举升机不使用时应下降至最低位置，并切断电源；

⑥举升机使用一段时间后，钢丝绳会被不同程度的拉长，以致引起工作平台不平及四个挂钩不能同步挂上，此时应及时调整钢丝绳的长度。

3. 剪式举升机

剪式举升机的外观如图1-10所示。

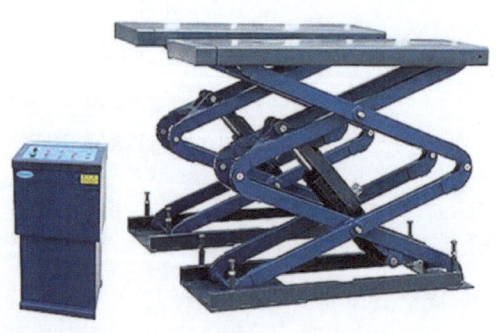

图1-10 剪式举升机外观图

剪式举升机的使用方法与四柱举升机使用方法基本一致，本小节不再赘述，重点介绍一下使用注意事项。

①工作前，排除机器周围和下方的障碍物；

②升降时，举升机规定区域和机器上下方以及平台上的车辆内不能有人；

③不能举升超过本机举升能力的车辆或其他货物；

④举升时,应在车辆底盘下方垫上胶垫;

⑤升降过程中随时观察举升机平台是否同步,如发现异常,应及时停机,检查并排除故障后方能投入使用;

⑥下降操作时,先将举升平台上升一点,注意观察两保险爪与保险齿间是否完全脱开,否则停止下降;

⑦机器长期不用或过夜时,平台应降到最低位置,并开走车辆,切断电源。

三、决策

分组,各小组选出一名负责人,组员按负责人要求完成相关任务,根据任务内容制订车辆接待及发动机舱内清洁检查的工作计划并实施,填入表1-2。

表1-2 决策表

序号	人员	任务
1		
2		
3		
4		
5		

四、计划

根据任务内容制订小组任务计划,简要说明任务实施过程的步骤及注意事项,并将计划等内容填入表1-3中。

表 1-3 任务计划表

序号	工作步骤	工具／辅具	注意事项	操作人
1				
2				
3				
4				
5				
6				

五、实施

按照计划步骤内容实施，记录实施结果填入表 1-4 中。

表 1-4 实施记录表

项目	检查结果	项目	检查结果
发动机舱	清洗□ 除尘□	空气滤清器滤芯	更换□ 除尘□
流水槽	清洗□ 除尘□	空调滤芯	更换□ 除尘□

六、检查

1. 自检

请将自检结果填入表 1-5 中。

表 1-5　自检表

序号	项目	结果
1	发动机舱是否干净	是□　否□
2	流水槽是否清理	是□　否□
3	空气滤清器滤芯是否更换	是□　否□
4	空调滤芯是否安装到位	是□　否□

2. 互检

请将互检结果填入表 1-6 中。

表 1-6　互检表

序号	项目	结果
1	发动机舱内是否干净整洁	是□　否□
2	流水槽是否畅通	是□　否□

任务二　发动机油液及其渗漏检查

一、任务解析

通过本任务的学习,学生能够了解发动机内部常见的五种油液的存储位置和作用,能够掌握发动机冷却液、制动液、玻璃清洗液、润滑油与转向助力液的质量和液量的检查方法。这在日常的维护和保养中是非常重要的项目。

二、资讯

在汽车发动机舱中,存在着五种与汽车正常工作密切相关的工作油液,它们分别是冷却液、制动液、玻璃清洗液、润滑油与转向助力液。帕萨特轿车五种油液加注口的具体位置如图1-11所示。

1. 发动机冷却液

发动机冷却液也称防冻液,意为有防冻功能的冷却液,即该冷却液可以防止寒冷季节停车时冷却液结冰而胀裂散热器和冻坏发动机气缸体。

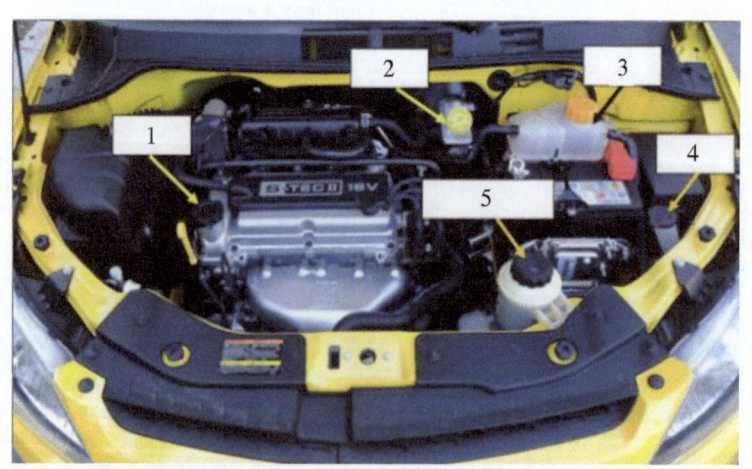

图1-11　帕萨特轿车五种油液加注口位置图

1—润滑油加注口　2—制动液加注口　3—冷却液加注口　4—玻璃清洗液加注口　5—转向助力液加注口

除防冻外，冷却液还具有以下几种优点：

1）对冷却系统的部件起到防腐保护作用。

2）防止水垢，避免降低散热器的散热作用。

3）保证发动机在正常温度范围（冷却液温度80~95℃）之内能工作。

因此，发动机的冷却液必须具有防冻、防沸、防腐蚀、防水垢、无泡沫的特点，并不受季节及地域的影响。冷却液最为重要的功能是保证发动机在正常的温度范围内工作，起到冷却发动机各个部件的作用。

在加注冷却液的过程中，非常重要的是要注意其液面的高低。发动机在热机状态时，千万不要打开散热器盖，否则可能会被溅出的冷却液或高温蒸气烫伤。等发动机冷却后检查冷却液的液面，一般情况下其值应该在刻度线最小值（min）与最大值（max）之间，如图1-12所示。如发现短时间内冷却液减少得很快，应检查冷却系统是否有泄漏或到维修站去检查。冷却液一般为粉红色或绿色，如图1-13所示。

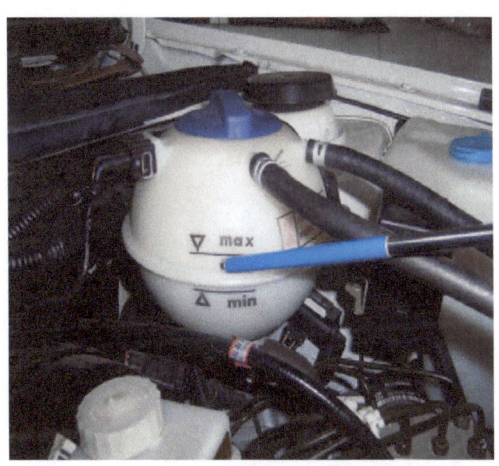

图1-12　冷却液加注标准线

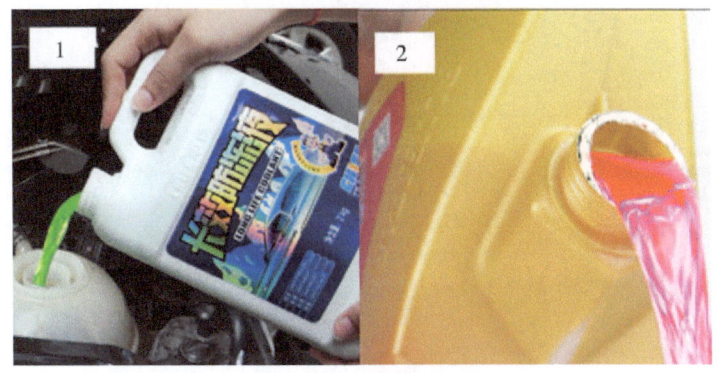

图1-13　两种冷却液颜色

1—绿色冷却液　2—粉红色冷却液

另外,冷却液作为发动机系统的一个重要的工作油液,其质量也是非常重要的。通常检查冷却液质量的方法是:打开冷却液储液壶盖子后,检查冷却液表面是否有油星或悬浮物,如果冷却液的颜色变暗、浑浊,则表示质量下降,应该更换。还要使用冰点测试仪检查其冰点温度是否符合要求,如图 1-14、图 1-15、图 1-16 所示。

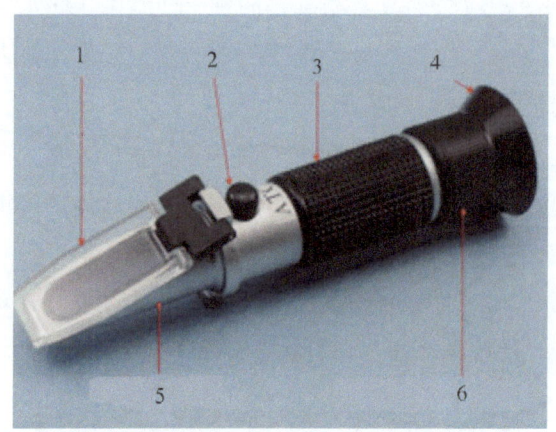

图 1-14　冰点测试仪

1—盖板　2—校准螺钉　3—镜筒和手柄　4—目镜　5—检测棱镜　6—目镜调节手轮

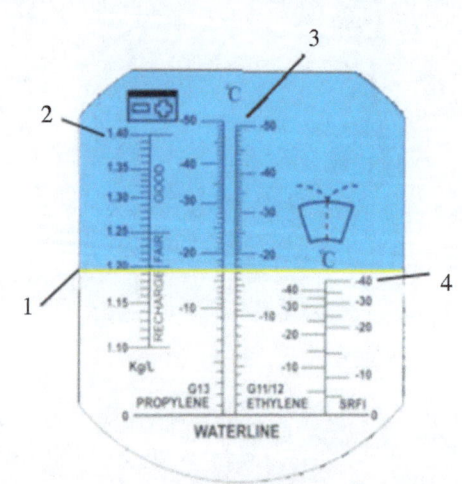

图 1-15　冰点测试仪透镜成像

1—被测液体刻度显示　2—电解液密度值　3—冷却液冰点温度　4—风窗清洗液冰点温度

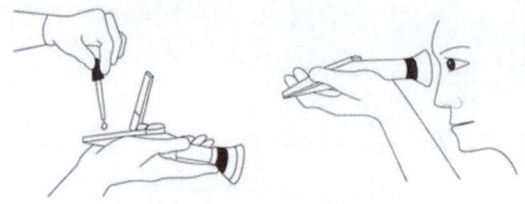

图 1-16　冰点测试仪使用方法

2. 制动液

制动液是汽车制动系统传递液力的主要介质。它是将制动踏板作用在制动总泵上的压力传递给各个制动分泵，并将此作用力作用在制动片上，以达到制动的目的。制动液液面位置一般位于刻度线最大值（MIN）与最小值（MIN）之间，如图1-17所示。质量合格的制动液是清澈透明的液体，并且在制动液中没有杂质或悬浮物的存在。

3. 玻璃清洗液

车辆在行驶过程中，前方视野是否宽阔明亮直接影响驾驶的安全。当车辆前风窗视野模糊时，我们只需轻轻操作开关便可以清洗车辆前风窗玻璃，前风窗玻璃清洗液控制开关标记如图1-18所示，后风窗玻璃清洗液控制开关标记如图1-19所示。

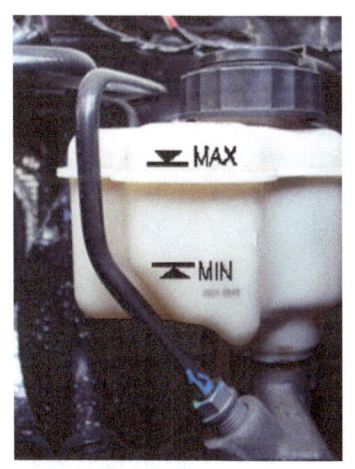

图1-17 制动液加注标准

清洗前后风窗主要使用的介质是玻璃清洗液。由于玻璃清洗液使用频繁，所以日常生活中我们应定期检查液面，不足时随时添加，并且尽量添加汽车专用的清洗液。玻璃清洗液的加注口位置如图1-20所示。

玻璃清洗液是一种不含磨蚀性物质、能迅速清除玻璃上的污垢、令玻璃清透明亮的清洁用品，适用于一般汽车玻璃以至有机玻璃及塑料窗，如风窗玻璃及天窗等。玻璃清洗液的俗称是玻璃水，一般来说，我国汽车用品零售市场上的玻璃清洗液可分为三种：

夏季常用：在清洗液里增加了除虫胶成分，可以快速清除撞在风窗玻璃上的飞虫残留物。

冬季使用的防冻型玻璃清洗液：保证在外界气温低于零下20℃时，依旧不会结冰冻坏汽车设施。

特效防冻型：保证在零下40℃时依旧不结冰，适合我国最北部的严寒地区使用。

此外，玻璃清洗液一般为蓝色，选择清洗液时应使用冰点检测仪对它的冰点进行检查。特别是在冬季，在选用玻璃清洗液时一定要选择防冻的，不要用清水或其他清洁剂替代专用玻璃清洗液，否则冬天时很容易结冰。

4. 润滑油（机油）

润滑油俗称机油，是用在各种类型机械上以减少摩擦、保护机械及加工件的液体润滑剂，其主要作用有润滑、冷却、防锈、清洁、密封和缓冲。机油数量和质量的好坏直接影响着发动机的工作效果。

 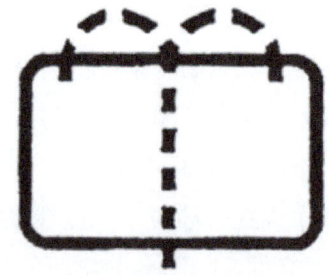

图 1-18　前风窗玻璃清洗液控制开关标记　　　图 1-19　后风窗玻璃清洗液控制开关标记

 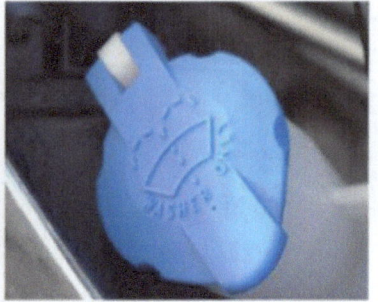

图 1-20　玻璃清洗液加注口的位置

发动机机油对发动机性能有重要的影响，所以每天都应检查发动机机油的油量。

（1）检查前，应把车辆停放在水平地面上，起动发动机空转 5min。

（2）停止运转发动机，等待 3min 后，拔出机油油尺擦干净，重新插入油尺并再次取出，记录油尺上的油面。

（3）正常油面应在最高位（H）和最低位（L）之间，如图 1-21 所示。

机油尺上的标记不止一种，如图 1-22 和图 1-23 所示。图 1-22 中，将机油量分为三个区域，分别是 A 区、B 区和 C 区。超过 A 区上限，则为不正常；在 B 区范围内可

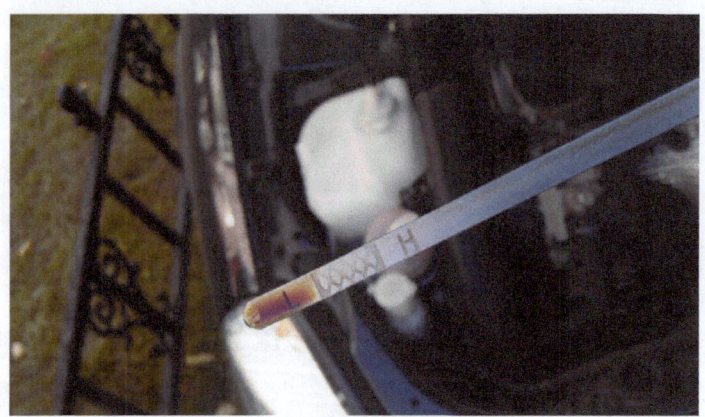

图 1-21　机油尺及机油量的检查

以继续添加；在 C 区范围内，则必须添加机油。除此之外，夏季在高速路上行驶时，尽量保持机油量在 A 区内。

图 1-22　机油尺及机油量的检查

1—A 区上限　2—B 区上限　3—C 区上限

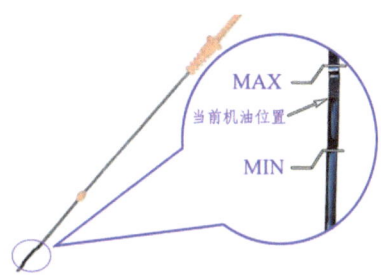

图 1-23　机油尺及机油量的检查

检查机油质量时可以用手指捻动机油，来检查油滴中是否含有铁屑等机械杂质或水分，并观察机油是否过稀。搓捻时，如有黏稠感觉，并有拉丝现象，说明机油未变质，仍可继续使用，否则应更换。

此外，还可以用机油滤纸进行检测。在规定条件下将使用中的机油滴一滴到滤纸中心，架空平放 12h，于是油内各种杂质便随着油的浸润向四周扩散，杂质的粒度不同，扩散的远近也不同，因而在滤纸上形成颜色深浅不同的环形斑点，从内到外依次为：沉积环、扩散环、油环，如图 1-24 所示。

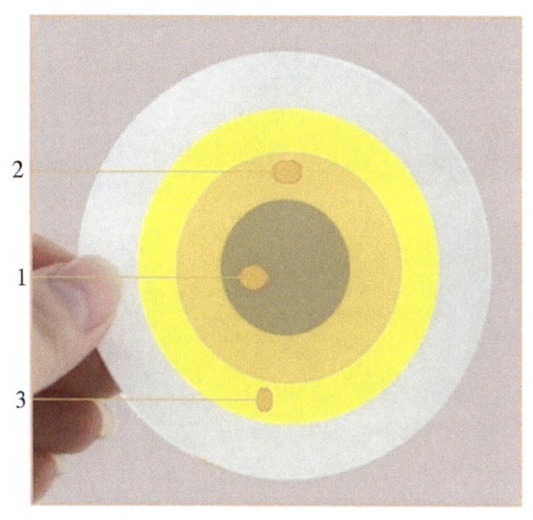

图 1-24　机油测试卡环带

1—沉积环　2—扩散环　3—油环

（1）沉积环　在斑点的中心是油内粗颗粒杂质沉积物集中的地方，由沉积环颜色的深浅可粗略判断油被污染的程度。

（2）扩散环　在沉积环外围的环带叫扩散环，它是悬浮在油内的细颗粒杂质向外扩散留下的痕迹。颗粒越细，扩散得越远。扩散环的宽窄和颜色的均匀程度是重要因素，它表示油内添加剂对污染杂质的分散能力。

（3）油环　在扩散环的外围是油环，其颜色由浅黄到棕红色，表示油的氧化程度。

利用机油滤纸进行检测，其结果可分为一级、二级、三级和四级4个级别，如图1-25所示。

1）一级：油斑的沉积区和扩散区之间无明显界线，整个油斑颜色均匀，油环淡而明亮，油质良好。

2）二级：沉积环色深，扩散环较宽，有明显的分界线，油环为不同深度的黄色，油质已污染，机油尚可使用。

3）三级：沉积环呈深黑色，沉积物密集，扩散环窄，油环颜色变深，油质已经劣化。

4）四级：只有中心沉积环和油环，没有扩散环，沉积环乌黑，沉积物密而厚稠，油环呈深黄色和浅褐色，机油已经氧化变质。机油质量已达到三、四级者必须进行更换。

需要提醒的一点是，在对发动机机油的液面高度进行检测时，必须保证发动机停机5min以上，这样做的目的是保证机油充分返回到油底壳。

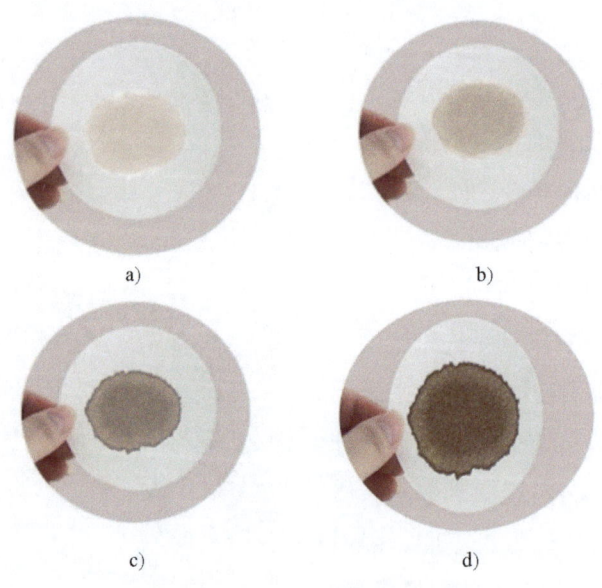

图1-25　机油测试的四个级别

a）一级机油　b）二级机油　c）三级机油　d）四级机油

5. 转向助力液

助力转向系统是汽车上的一种增加舒适性的新技术，可以在驾驶人转向的时候自动提供转向力，从而减轻驾驶人的劳动强度。助力转向液就是加注在助力转向系统里面的一种液体介质，起到传递转向力和缓冲的作用，其工作过程是在转向助力泵的加压下，产生液压动力，作用在助力活塞上帮助驾驶人施加转向动力。在加注转向助力液时，应保证其高度在刻度线最大值（MAX）与最小值（MIN）之间，如图1-26所示。合格的可以正常使用的转向助力液应清澈、透明、无杂质且无漂浮物，如图1-27所示。

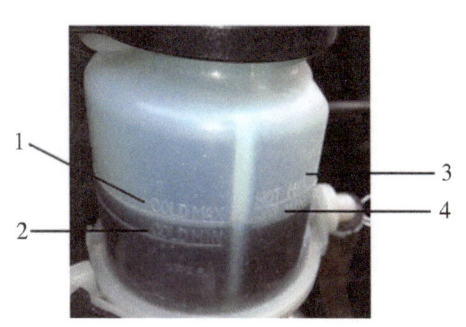

图 1-26 转向助力液加注标准

1—COLD MAX　2—COLD MIN　3—HOT MAX　4—HOT MIN

图 1-27 转向助力液的加注

三、决策

进行学员分组，根据任务内容，制订发动机舱内油液数量与质量以及渗漏检查工作计划并实施，并将个人任务内容填入表1-7中。

表 1-7 决策表

序号	人员	任务
1		
2		
3		
4		
5		

四、计划

根据任务内容制订小组任务计划，简要说明任务实施过程的步骤及注意事项。计划内容见表1-8~表1-12。

表1-8 冷却液的检查

车型：		任务内容：冷却液的检查	
序号	工作步骤	工具／辅具	注意事项
1			
2			
3			
4			
5			
6			

表1-9 机油的检查

车型：		任务内容：机油的检查	
序号	工作步骤	工具／辅具	注意事项
1			
2			
3			
4			
5			

表1-10 制动液的检查

车型：		任务内容：制动液的检查	
序号	工作步骤	工具／辅具	注意事项
1			
2			
3			
4			

表 1-11　转向助力液的检查

车型：　　　　　　　　　　　　　任务内容：转向助力液的检查

序号	工作步骤	工具／辅具	注意事项
1			
2			
3			
4			

表 1-12　玻璃清洗液的检查

车型：　　　　　　　　　　　　　任务内容：玻璃清洗液的检查

序号	工作步骤	工具／辅具	注意事项
1			
2			
3			
4			

五、实施

对发动机舱内各个油液液面及质量进行检查，并将检查结果填入表 1-13 项目单中。

表 1-13　项目单

检查项目	检查内容	检查结果	备注
发动机冷却液	液面是否正常	是□　否□	
	冰点温度是否正常	是□　否□	
	颜色或状态是否正常	是□　否□	
发动机机油	液面是否正常	是□　否□	
	颜色或状态是否正常	是□　否□	
制动液	液面是否正常	是□　否□	
	颜色或状态是否正常	是□　否□	
转向助力液	液面是否正常	是□　否□	
	颜色或状态是否正常	是□　否□	
玻璃清洗液	液面是否正常	是□　否□	
	冰点温度是否正常	是□　否□	

六、检查

1. 自检

自检结果填入表 1-14 中。

表 1-14　自检表

检查项目	检查内容	检查结果	备注
发动机冷却液	液面检查是否正确	是□　否□	
	冰点温度检查是否正确	是□　否□	
	颜色或状态检查是否正确	是□　否□	
发动机机油	液面检查是否正确	是□　否□	
	颜色或状态检查是否正确	是□　否□	
制动液	液面检查是否正确	是□　否□	
	颜色或状态检查是否正确	是□　否□	
转向助力液	液面检查是否正确	是□　否□	
	颜色或状态检查是否正确	是□　否□	
玻璃清洗液	液面检查是否正确	是□　否□	
	冰点温度检查是否正确	是□　否□	

2. 互检

互检结果填入表 1-15 中。

表 1-15　互检表

检查项目	检查内容	检查结果	备注
发动机冷却液	液面检查是否正确	是□　否□	
	冰点温度检查是否正确	是□　否□	
	颜色或状态检查是否正确	是□　否□	
发动机机油	液面检查是否正确	是□　否□	
	颜色或状态检查是否正确	是□　否□	
制动液	液面检查是否正确	是□　否□	
	颜色或状态检查是否正确	是□　否□	
转向助力液	液面检查是否正确	是□　否□	
	颜色或状态检查是否正确	是□　否□	
玻璃清洗液	液面检查是否正确	是□　否□	
	冰点温度检查是否正确	是□　否□	

任务三　发动机传动带及其张紧度的检查与调整

一、任务解析

通过本任务的学习，学生能够明确汽车发动机传动带（俗称皮带）的检查方法；熟练掌握传动带张紧度的调整方法和正时传动带的更换方法。

二、资讯

1. 传动带的检查

（1）正时传动带的检查　正时传动带（又称同步带）的作用是用来驱动发动机的配气机构，使发动机的进、排气门在适当的时候开启或关闭，来保证发动机的气缸能够正常地吸气和排气。在有的车型中正时传动带还负责驱动水泵，如大众车型当中的捷达电喷、桑塔纳2000、宝来、奥迪等车型。

对于所有的发动机来说，正时传动带是绝对不可以发生跳齿或断裂的，如果一旦发生跳齿现象，发动机就不能正常工作，会出现怠速不稳、加速不良或不能正常起动等现象。如果正时传动带断裂，发动机就会立刻熄火，多气门发动机还会导致活塞将气门顶弯，严重的还会损坏发动机。

正时传动带属于橡胶部件，随着发动机工作时间的增加，正时传动带和正时传动带的附件，如正时传动带张紧轮、正时传动带张紧器和水泵等都会发生磨损或老化。

因此，凡是装有正时传动带的发动机，厂家都会有严格要求，在规定的周期内定期更换正时传动带及附件，更换周期则随着发动机的结构不同而有所不同，一般在车辆行驶到6万~10万km时应该更换，具体的更换周期应该以车辆的保养手册说明为准。

注意：更换正时传动带的同时最好把张紧轮和惰轮同时更换掉，因为它们随着传动带的使用也会出现磨损，如果等到磨损严重单独拆下来更换，过程会非常复杂，关键是车主又要支付一次高昂的手工费用，所以就索性一次性更换。

检查正时传动带或多楔带的张紧度时，用手扭转正时传动带，刚好可转90°为适中，如图1-28所示。

（2）传动带的检查　发动机传动带的主要作用是利用发动机的动力带动汽车其他系统、附件工作，如发电机、空调压缩机、水泵、动力转向泵等。由于传动带工作温度高，转速快，所以非常容易磨损，使其性能下降，从而影响汽车的正常使用。因此，定期检查传动带是非常必要的。

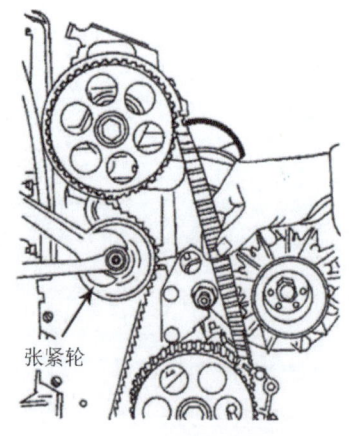

图 1-28　正时传动带张紧度检查

对发动机传动带的检查主要是检查传动带有无磨损或者老化现象。传动带在断裂之前，将会出现滑磨声，传动带表面会出现龟裂的裂纹、磨损以及剥落等前兆现象。因此，应仔细观察，如出现上述现象应及时更换传动带。

另外，如果发动机传动带预紧力不足，张紧度不够的话，将可能导致这些附件工作能力下降，例如发电机传动带张紧力不足的话，就会导致发电量不足的问题。传动带与带轮的接触面积不够的话，也会出现类似传动带断裂前的滑磨声。而传动带调整过紧，则会使传动带拉伸变形，同时也会加速带轮及轴承的磨损。此时应该把相关的调整螺母或螺栓拧松，把传动带的张力调整到最佳的状态。

检查"V"形带的张紧度时，用拇指以 90~100N 的力按压传动带中间部位，其挠度应为 10~15mm。如果不符合要求，应进行调整，如图 1-29 所示。

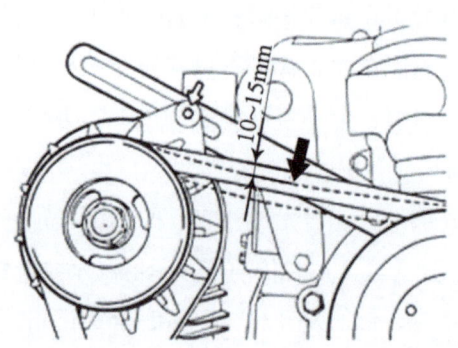

图 1-29　发电机、压缩机传动带张紧度检查

2. 传动带的张紧度调整

发动机传动带张紧度有多种调整方法，依车型和发动机布置结构不同而不同。以帕萨特轿车为例，来看一下发动机传动带调整的方式。

（1）正时传动带张紧度调整方法　帕萨特轿车正时传动带的调整方法如图 1-30 所示。首先将张紧轮紧固螺栓松开，然后逆时针方向转动张紧轮，此时需要用专用工具或弯嘴卡簧钳卡住张紧轮偏心轴上的两个小孔来进行操作，与此同时，用手按压检查正时传动带的张紧度。张紧度合适时，拧紧张紧轮紧固螺栓后，松开专用工具或卡簧钳即可。

（2）发动机传动带张紧度的调整方法（调节支架式调整）

比较早的帕萨特车型发动机采用调节支架来调整发动机传动带的张紧度如图1-31a所示。首先松开调整支架上的锁紧螺栓，然后用开口扳手套在调整螺母上，逆时针转动扳手，使发动机传动带张紧。调整好张紧度后，先不要松开调整螺母，待紧固锁紧螺栓后方可松开调整螺母，其调整原理与正时传动带的调整原理是一样的。

图1-30 帕萨特轿车正时传动带张紧装置

现在的帕萨特轿车都采用发动机传动带自动张紧装置，可自动调整传动带的张紧度，此种自动张紧装置在保养时，只需检查传动带有无裂纹、磨损和剥落等现象。需要更换时，需用呆扳手扳动自动张紧器，就可将传动带取下，如图1-31b所示。

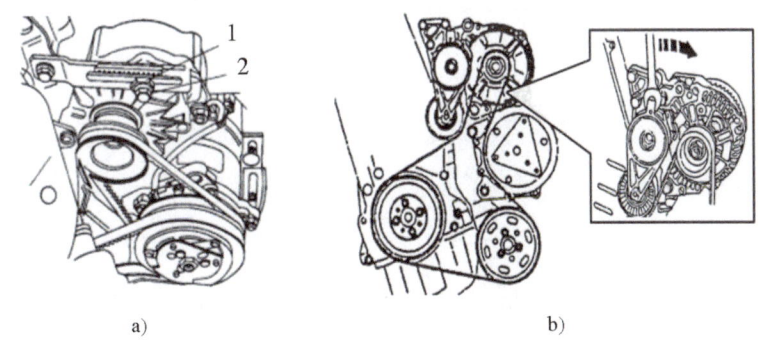

图1-31 帕萨特轿车发动机传动带的调整方法
a）发动机传动带调整　b）自动张紧装置
1—传动带调整螺母　2—锁紧螺栓

3. 传动带的拆卸步骤

1）使用曲轴正时齿轮扳手顺时针转动曲轴减振带轮，如图1-32所示。

2）顺时针旋转曲轴减振带轮，使曲轴减振带轮缺槽与正时传动带下罩标记对齐。如图1-33所示。

3）旋松固定螺母，松开正时张紧轮，取出正时传动带，螺母拧紧力矩为（25±3）N·m，如图1-34所示。

4）旋出固定螺栓，如图1-35中箭头所示。取出排气凸轮轴盖和进气凸轮轴盖，螺栓拧紧力矩为（15±1.5）N·m，如图1-35所示。

图 1-32　步骤 1

图 1-33　步骤 2

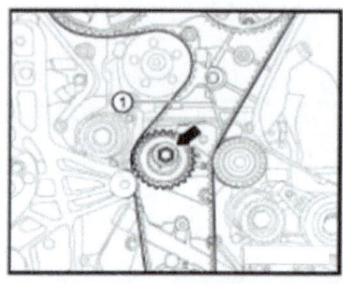

图 1-34　步骤 3

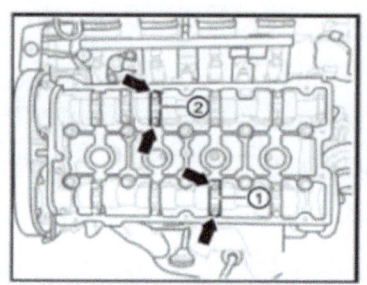

图 1-35　步骤 4

5）将进排气凸轮轴调整到"1"缸上止点位置，如图 1-36 所示，将凸轮轴正时固定工具分别固定在"2"缸进气凸轮和"3"缸排气凸轮上（注：此位置为凸轮轴"1"缸上止点位置）如图 1-36 所示。

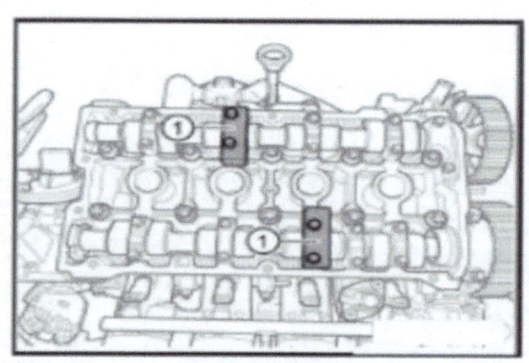

图 1-36　步骤 5

6）使用进气正时齿轮固定工具固定进气正时齿轮，旋松固定螺栓，使进气正时齿轮能够自由转动，如图 1-37 所示。

7）使用排气正时齿轮固定工具固定排气正时齿轮，旋松排气正时齿轮固定螺栓，使其能够自由转动，如图 1-38 所示。

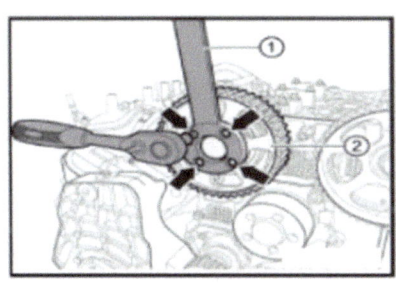 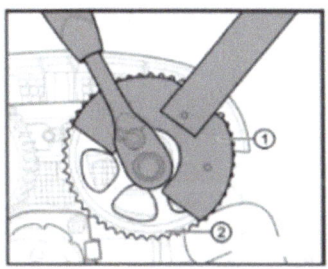

图 1-37　步骤 6　　　　　　　　　图 1-38　步骤 7

1—进气正时齿轮固定工具　　　　　1—排气正时齿轮固定工具
2—进气正时齿轮　　　　　　　　　2—排气正时齿轮

8）安装正时传动带时,将进、排气正时齿轮向右旋转到底,使排气正时齿轮上的标记与正时传动带上的黄色标记对应；曲轴正时传动带齿轮上的标记与正时传动带上的另一条黄色线对应,如图 1-39 所示。

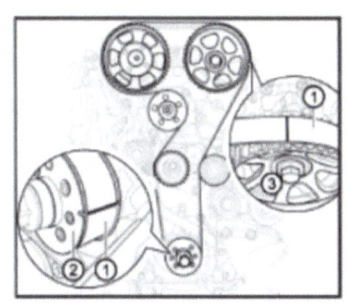

图 1-39　步骤 8

1—正时传动带　2—曲轴正时传动带齿轮　3—调节螺栓

9）将正时传动带张紧器调节装置插入导向孔内,旋转正时传动带张紧器调节装置使正时张紧轮指针逆时针旋转到最大极限处,然后返回,直到张紧轮上的指针指向调整支架圆孔中心线,旋松固定螺母,如图 1-40 所示。

图 1-40　步骤 9

1—正时传动带张紧器调节装置

10）使用进气正时齿轮固定工具固定进气正时齿轮，如图1-41所示。

11）使用排气正时齿轮固定工具固定排气正时齿轮，如图1-42所示。

12）拆下凸轮正时固定工具，拆下活塞上止点调整工具，转动正时传动带检查正时传动带张紧度，旋转曲轴一圈并处于"1"缸活塞上止点位置。

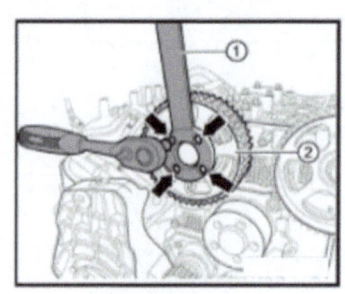

图1-41　步骤10

1—进气正时齿轮固定工具　2—进气正时齿轮

图1-42　步骤11

1—排气正时齿轮固定工具　2—排气正时齿轮

13）安装凸轮轴正时固定工具，检查工具是否与进、排气凸轮轴外轮廓吻合，如不吻合，拆下正时传动带重新安装。

14）安装平衡轴传动带，安装气缸盖罩，其他安装大体以倒序进行。

三、决策

进行学员分组，根据任务内容，制订发动机传动带的检查及张紧度调整的工作计划并实施，填表1-16。

表1-16　决策表

序号	人员	任务
1		
2		
3		
4		
5		

四、计划

根据任务内容制订小组任务计划，简要说明任务实施过程的步骤及注意事项，并

将计划内容等填入表 1-17 和表 1-18 中。

表 1-17 任务计划表

车型：　　　　　　　　　　　　　　　　　任务内容：传动带的检查和张紧力调整

序号	工作步骤	工具／辅具	注意事项
1			
2			
3			
4			
5			
6			
7			
8			

表 1-18 任务计划表

车型：　　　　　　　　　　　　　　　　　任务内容：正时传动带的更换

序号	工作步骤	工具／辅具	注意事项
1			
2			
3			
4			
5			
6			
7			
8			

五、实施

根据上面制订的计划，实施任务，并完成项目单填写。

检查发动机正时传动带和传动带是否破损,并检查调整传动带张紧度及张紧装置工作情况,必要时更换张紧装置。工作完成后,填写项目表(表1-19)。

表1-19 发动机传动带检查项目表

项目类型	磨损是否正常	张紧度是否正常	张紧装置是否完好
正时传动带	是□ 否□	是□ 否□	是□ 否□
传动带	是□ 否□	是□ 否□	是□ 否□

六、检查

1. 自检

按照表1-20分别进行自检。

表1-20 发动机舱内检查维护项目自检表

维护项目	磨损是否正常	张紧度是否正常	张紧装置是否完好
正时传动带	是□ 否□	是□ 否□	是□ 否□
传动带	是□ 否□	是□ 否□	是□ 否□

2. 互检

按照表1-21的要求分别进行填写。

表1-21 发动机舱内检查维护项目互检表

维护项目	是否符合标准	备注(处理措施)
正时传动带	是□ 否□	
传动带	是□ 否□	
各工具是否复位	是□ 否□	

1.8TSI 发动机正时链条的安装和调整

1.8TSI 发动机正时链条的拆卸

任务四　发动机舱内电器的检查与维护

一、任务解析

通过本任务的学习，学生能够对发动机的蓄电池进行清洁，并能够对其电压值进行测量，判断其是否正常；掌握发动机线束保养的基本方法；能够对火花塞的正常与否进行判断，并且能够分析产生故障现象的原因。

二、资讯

1. 蓄电池的清洁及检查

汽车蓄电池是汽车得以正常行驶不可或缺的动力来源之一。如何避免非正常使用缩短汽车蓄电池使用寿命，并延长其使用时间是很多车主关心的问题。正常情况下，一块车载蓄电池的使用寿命为 4 年，而蓄电池寿命的长短与气候情况以及车主的使用习惯也有很大的关系。

常见的折损蓄电池寿命的因素包括：空气湿度、灰尘、腐蚀、电极松动或过紧、磨损以及汽车电缆的损坏。在极端情况下，这些因素都可能引起蓄电池破裂甚至是更加严重的事故，而湿度和灰尘则被认为是两个最主要的原因。

保持蓄电池的干净整洁，并进行定期检测是延长汽车蓄电池使用寿命的有效手段。汽车蓄电池的清洁不同于日常物品，仅用抹布外加清洁用油进行擦拭远远不够。在清洁过程中首先需要注意检查工作环境是否有明火，尤其注意在清洁期间禁止吸烟，因为汽车蓄电池内含大量硫酸会产生易燃氢气，遇明火会发生爆炸。当发动机熄火的时候还应该注意断开电池负极与汽车电缆的连接。如图 1-43 所示，找准蓄电池的负极。要记住在清洁开始前和结束后将所有物品拭干以免短路。除此之外，还应对蓄电池的电压进行检查，通常用到的工具是万用表，如图 1-44 所示。蓄电池电压测量值不应低于 12.4V，如图 1-45 所示。

汽车所使用蓄电池为铅酸蓄电池，一般安装在发动机舱内，可以长时间使用。值得特别说明的是，车辆在起动时所需电流较大，而在这种较大电流的作用下，经常会

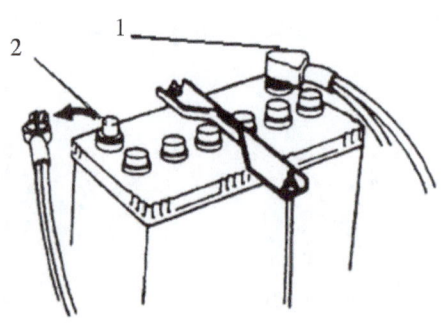

图 1-43 蓄电池的正负极

1—蓄电池正极　2—蓄电池负极

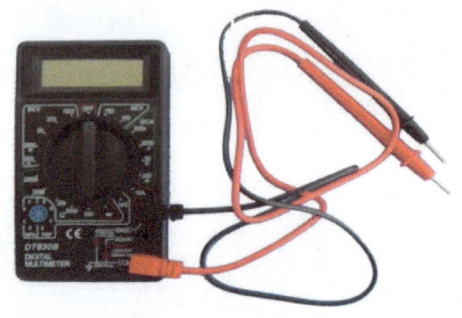

图 1-44 万用表

图 1-45 蓄电池电压测量值

导致蓄电池极柱表面发生氧化，如图 1-46 所示。氧化后的蓄电池极柱与电缆接触不良，致使两者之间的阻值增大，对蓄电池的工作不利。另外，蓄电池表面灰尘过多，遇水后可能导致电极短路。所以，必须对其电极和表面进行定期检查清洁。蓄电池电极表面氧化不严重的情况下可用开水对其进行浇注，严重时，可用砂纸对其进行打磨处理，必要时，对其进行修复。

牢记以上注意事项。清洁具体步骤如下：

1）用专业蓄电池电极刷或是废弃牙刷清理蓄电池正、负极上的粉尘和腐蚀物。如

　　　a)　　　　　　　　　　　　　b)

图 1-46 蓄电池电极氧化层

a）蓄电池电极清理前　b）蓄电池电极清理后

果不小心在手上沾上了清理下来的残渣,一定要及时洗手。

2)在接触表面涂上凡士林或脂质物形成一层保护膜。

3)仔细检查蓄电池、电缆,谨防其他潜在缩短蓄电池寿命的因素。

4)重新连接电缆和蓄电池,严格按照先正极再负极的顺序连接,以防触电或损坏汽车的电力系统。

5)最后再进行一次全面检查,发动发动机确保蓄电池连接正常。至此,汽车蓄电池的一次清洁养护完成。定期清洁可延长汽车蓄电池寿命。

2. 发动机舱内线束检查

一年四季发动机舱要经历高温、严寒、雨水、潮湿以及风沙的历练,久而久之发动机舱内的线束、传感器插头、橡胶软管等部位会出现老化甚至开裂的现象,老化线路一旦氧化短路后极易引发自燃,所以对发动机舱内的线路应该定期使用防护剂等进行保养,延缓老化。

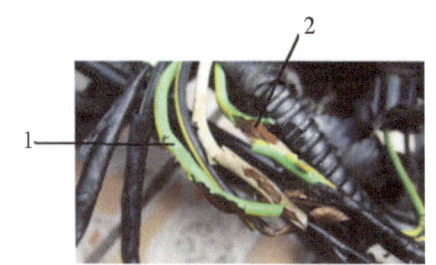

图 1-47 线束结构图

1—塑料外皮　2—铜软线

(1)发动机舱内线束的基础常识　常见的发动机机舱线束内部一般由多股铜软线组成,外表由塑料包裹,如图1-47所示。

日常行驶中发动机舱温度很高,线束外表的塑料受热后会释放出增塑剂等化学物质,这些物质会和线束内部的铜线发生反应,导致塑料强度下降,铜线电阻上升,最终使线束老化产生短路的危险。发动机舱内的橡胶软管则属于不饱和高分子碳氢化合物,橡胶老化后也易发生氧化引起车辆自燃,如图1-48所示。

受雾霾、风沙等恶劣天气的影响,新车的发动机舱中也会迅速堆积灰尘,如果不经常清洗,这些灰尘便会和发动机运转产生的油液亲密接触,增加清洗难度,一旦电线开裂短路很容易引发自燃,如图1-49所示。

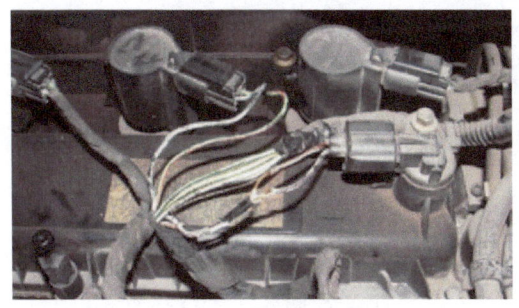

图 1-48 老化的线束

图 1-49 布满灰尘和油污的线束

（2）线束养护最常用的方法介绍　线束养护最常用的方法就是定期使用线束保护剂，如图 1-50 所示。

线束保护剂的工作原理是在发动机电线/蓄电池插头、线束表面形成一层保护膜，隔绝湿气避免氧化。由于保护剂本身具有耐高压、绝缘的特点，因此也可延缓发动机舱内橡胶、塑料管件的老化及开裂，防止线束因老化引起漏电。另外喷涂的这层保护膜也不易沾灰，易于擦拭，可以长时间保持发动机舱清洁。

图 1-50　发动机线束保护剂

（3）线束保养维护的具体步骤　发动机线束保护剂使用时没有过多的技术含量，可以自己操作，也可以到 4S 店进行养护。DIY 和 4S 店施工的最大区别在于工具：高压气枪和喷枪是 DIY 所不具备的，如图 1-51 所示。

图 1-51　使用线束维护剂所用工具

下面来学习喷涂线束保护剂的操作步骤及注意事项。

第一步　清洁发动机舱

使用线束保护剂前需要对发动机舱进行清洗，这个任务在任务一中已经进行介绍，在此不再赘述。建议大家选择通风良好的地方施工并为车辆做好防护措施。通常清洗剂、保护剂闻起来会有刺激性气味，对人体健康有害，所以操作时需佩戴口罩和手套，如图1-52所示。

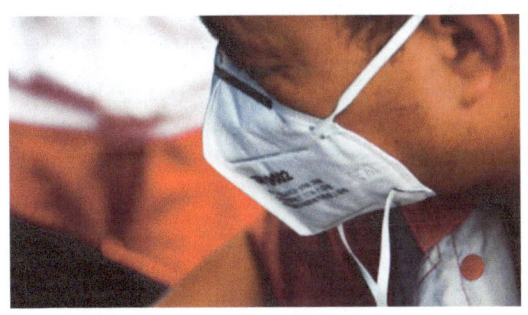

图1-52　佩戴口罩和手套

需要重点注意的是，这些保护剂如果不慎接触皮肤后，应立刻用清水清洗。喷涂过程中若感到不适，也应停止作业到空气流通的地方休息，严重时需及时就医。

很多车型为了美观都设计了发动机饰盖，为了彻底清洗发动机舱，施工前需要将饰盖拆下来。大部分车型的发动机饰盖都是用卡子固定的，通常抓住盖子的边缘向上拔就可以拆下来，也有部分车型使用螺钉进行紧固的（图1-53），拆卸时需要先将螺钉取下。

图1-53　拆卸发动机饰盖

施工时最好在冷车状态下进行，以免清洗剂及后续使用的清洁水对过热发动机缸体造成损伤及留下难以清理的水印。利用高压气枪将发动机舱表面及内部的灰尘进行初步清理，如图1-54所示。

初步去灰完成后，便可将发动机清洗剂喷涂在发动机舱内的各个部件上，油泥及灰尘多的地方需要着重处理。

a) b)

图 1-54 清洗发动机舱

a）清洗线路 b）清洗蓄电池电极

第二步 喷涂发动机线束保护剂

喷涂时要尽量避开线束传感器插头、点火线圈、熔断器等部位，如图 1-55 所示。

图 1-55 喷涂发动机线束保护剂

第三步 擦拭

用毛刷对喷涂区域进行擦拭清洁。建议大家自己操作时一边喷涂一边清洁，对于油泥较多的地方除了大量喷涂清洁剂外，可稍等几分钟等清洁剂将油泥完全溶解后再用毛刷清洗，如图 1-56 所示。

图 1-56 擦拭发动机

第四步 清洁

在充分清洁发动机之后，最后一个步骤就是要用清水把发动机冲洗干净。

3. 火花塞检查

火花塞是发动机正常工作的保证之一，是点火系统中重要的组成部件。在使用过程中由于发动机工作条件、使用环境影响，火花塞会产生各种"病症"。我们要学会对火花塞进行基本的检查。具体的检查步骤如下所示。

步骤一：拆除高压线

依次拆下火花塞上的高压分线。在拆下高压分线时，应做好各缸的标记，以免搞乱。

拆卸高压分线时，不要抓住电线猛拉，应该抓住高压分线末端的防尘套扭转着卸下电线，如图 1-57、图 1-58 所示。

图 1-57　火花塞安装位置

图 1-58　火花塞拆卸

步骤二：拆除火花塞

拆卸火花塞前要清除火花塞孔处的杂物和灰尘。如果火花塞孔处有灰尘或杂物，可用压缩空气吹去灰尘和杂物；如果不易吹掉，可用抹布和螺钉旋具进行清除。用布块堵住火花塞孔，确保火花塞拆卸后，不会有杂物掉进气缸里，如图 1-59 所示。

图 1-59　火花塞安装孔

用火花塞套筒逐一卸下各缸的火花塞。拆卸时火花塞套筒要确实套牢火花塞，否则，会损坏火花塞的绝缘磁体，引起漏电。为了稳妥，可用一只手扶住火花塞套筒并轻压套筒，另一只手转动套筒。卸下的火花塞应按顺序排好，如图 1-60 所示。

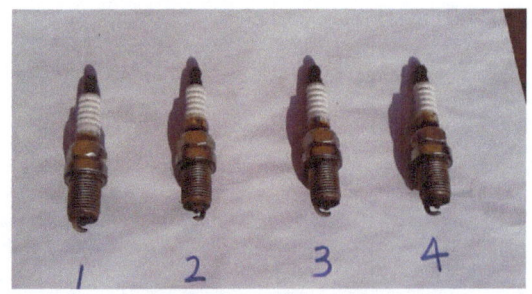

图 1-60　火花塞实物

（1）火花塞的检测

①检查火花塞电极边缘是否被完全磨掉或者变圆；

②检查火花塞间隙；使用塞尺检查火花塞电极和接地电极之间的间隙是否在规定范围内，若未在规定范围内（0.9~1.1mm 之间），则调整火花塞间隙，如图 1-61 所示；

图 1-61　测量火花塞间隙

③检查绝缘体是否咬住；

④检查绝缘体是否有裂纹，端子是否有腐蚀和被损坏的裂纹，如图 1-62 所示；

图 1-62　火花塞裂纹

⑤清洁火花塞，若电极上有湿炭痕迹，应使其干燥，然后用火花塞清洁器清洁。

（2）火花塞的各种状态及原因分析　通过对火花塞的检查可以判断出其工作情况和发动机的工作状态，见表1-22。

表1-22　火花塞各种状态

火花塞状态	图示	表面现象	原因	结果	备注
正常		中心电极绝缘部位呈灰白色或灰褐色，旁电极轻微耗损			
积炭		火花塞绝缘体上附着炭	发动机低温运行、混合气过浓、点火时间过晚、火花塞热值过高	起动不良、断火、加速不良	
淹缸		火花塞表面很湿，但很快就会变干，有汽油味	混合气过浓不点火，空气滤清器堵塞	起动不良、断火	
机油浸入		火花塞绝缘部位及中心电极部位有黑色油渍	活塞或气缸的损耗过大，使机油上窜到燃烧室，或混合气中的机油含量过大	起动不良、断火	
中央电极烧损		中央电极严重烧损	不正常维护导致火花塞超过使用公里数	起动不良、加速不良	
过度燃烧		火花塞中央电极绝缘体呈白色	火花塞拧紧力矩不当，点火时间过早，发动机散热不良，火花塞热值过低	在高速路上高速行驶时动力下降	
旁电极烧损		旁电极破损	旁电极过热，发动机爆燃	无法起动	
铅中毒		中央电极绝缘体有黄色或黄褐色的附着物覆盖	汽油中含铅量过高	急加速或大负荷行驶时断火，正常行驶表现良好	
绝缘体破裂		绝缘体破裂	火花塞安装不当，拧紧力矩或拧紧角度不对	绝缘不良，点火质量差，加速时断火	

在如表1-22所介绍的火花塞的八种故障中，我们重点介绍一下火花塞的积炭现象。

（3）火花塞积炭

①火花塞积炭。在火花塞绝缘体上附着炭粒的现象称为积炭。由于积炭的存在，

会使得火花塞绝缘性能下降。当两电极间的绝缘体积炭积累到一定程度时，高压电便通过积炭漏电，使火花塞电极间不能跳火。火花塞积炭主要是由于混合气空燃比过小和机油进入气缸过多所致。

在正常工作的情况下，发动机的火花塞也会产生积炭，但是产生积炭的速度非常慢，一般不会影响发动机的工作。但在混合气过浓、发动机烧机油或者火花塞选型不当等情况下，积炭产生的速度就会加大。当积炭到一定程度时，就会影响发动机的工作。更有甚者，火花塞电极间根本不能形成火花，发动机不能正常工作。

当出现如上问题且非常严重时，我们可以清除火花塞积炭或更换火花塞。但这也只是临时解决问题的措施。要真正解决问题，则应认真分析、查找故障现象的原因，从根本上解决产生积炭的问题。定期检查火花塞的状态，是充分发挥发动机动力性和经济性的重要手段之一。

②火花塞积炭处理方法。火花塞是发动机点火系统的重要组成部分，在日常的车辆保养中也要经常对火花塞进行清理。如果火花塞太脏则容易导致漏电或不能跳火。因此火花塞的保养和清理显得尤为重要。火花塞积炭处理的具体操作步骤如下。

第一步：用专门的清洁剂浸泡 30min 以上，用软毛刷轻轻刷洗，吹干。

第二步：把发动机火花塞浸入到白醋中，泡 1~2h；如果积炭比较严重的话，那就泡长点时间，再用软布或软毛刷洗净、吹干。

第三步：用酒精或汽油来清洗。发动机火花塞放到里面浸泡一段时间，使其反应软化，再用软布或软毛刷洗净，吹干。

③注意事项。火花塞出现积炭，最好用专用的清理设备来处理，这样操作没有副作用。有的车主在清理火花塞积炭时，用火烧的方法处理，这种方法非常不可取，主要是很容易导致裙部的绝缘体被烧坏，致使其漏电，反而起不到清理的作用。另一种错误的处理方法是用刀把发动机火花塞中积炭给刮掉，这样也很容易伤害火花塞。

（4）火花塞淹缸

①传统汽油机火花塞淹缸现象的解决办法。火花塞淹缸也称发动机淹缸，是一种多发生于化油器发动机的人为现象。冬季起动时，驾驶人往往愿意多踩加速踏板，提高气缸内的汽油量，以便于汽车在低温下起动。但是大家往往忽视了一点，就是当气缸内汽油量过多时，会阻碍火花塞的正常点燃，产生发动不了或敲缸的现象，即为所谓的"淹缸"。解决方法就是拆下火花塞清理干净，若缸内余油过多，则将其吸出。

发动机淹缸同样也是单缸柴油机冬季发动时容易出现的现象，导致发动机不能正常起动。原因是冬季气温过低,发动机发动时达不到起动的压缩比,柴油不能正常燃烧,解决的办法就是不给油,进行空转预热,排出缸内多余油料。

②电喷发动机淹缸现象的解决办法。当电喷发动机出现淹缸现象时,解决方法是:一直将加速踏板踩到底,接通起动机 5s,间隔 3s,重复两次,问题解决。若燃油过多,拆下火花塞进行清理。

原理:当 ECU 同时收到点火开关 ST、发动机转速低于 300r/min、TPS 传感器(节气门位置传感器)全开等信号时,它会控制喷油器停止喷油。起动过程中气缸内过多燃油会被排出气缸,直到气缸内混合气恢复到正常比例。此时火花塞可以点燃气缸内燃油,发动机转数开始上升,当转速超过 300r/min 时,ECU 发动机清除溢流功能结束,开始控制喷油器工作,发动机随之开始正常运转。此功能 ECU 内部命名为"清除溢流功能",是发动机电控系统的主要功能之一。

三、决策

进行学员分组,根据任务内容,制订蓄电池的清洁与检查、发动机线束的维护和火花塞更换检查的工作计划并实施。组员按负责人要求完成相关任务内容,并将自己所在小组及个人任务内容填入表 1-23 中。

表 1-23 任务决策表

序号	人员	任务
1		
2		
3		
4		
5		

四、计划

根据任务内容制订小组任务计划,简要说明任务实施过程的步骤及注意事项,并将计划内容等填入表 1-24~ 表 1-26 中。

表 1-24　任务计划表

车型：　　　　　　　　　　　　　　　　　任务内容：蓄电池的清洁与检查

序号	工作步骤	工具／辅具	注意事项
1			
2			
3			
4			

表 1-25　任务计划表

车型：　　　　　　　　　　　　　　　　　任务内容：发动机线束的维护

序号	工作步骤	工具／辅具	注意事项
1			
2			
3			
4			

表 1-26　任务计划表

车型：　　　　　　　　　　　　　　　　　任务内容：火花塞的检查

序号	工作步骤	工具／辅具	注意事项
1			
2			
3			
4			
5			
6			
7			
8			

五、实施

1. 检查发动机线束

检查发动机线束、插脚有无破损情况。检查蓄电池电压并对其电极和表面进行清理,工作完成后根据工作内容完成表 1-27 的填写。

表 1-27　发动机舱内电器及线束检查项目表

序号	项目类型	检查结果是否正常	备注
1	发动机线束	是□　否□	
2	线束插脚	是□　否□	
3	蓄电池电压	是□　否□	
4	蓄电池电极	是□　否□	

2. 拆检火花塞

拆检发动机各缸火花塞,根据火花塞形态判定火花塞好坏并作出处理意见。工作完成后,将检查结果填入表 1-28 中。

表 1-28　火花塞检查项目单

气缸序号	火花塞状况	可能原因	采取措施
第一缸			
第二缸			
第三缸			
第四缸			

六、检查

发动机舱内检查维护全部作业完成后,对照项目确认表 1-29 中的项目内容,检查发动机舱内保养维护工作项目,并根据实际操作内容完成发动机舱内保养维护表 1-29 的填写。

1. 自检

按照表 1-29 分别进行自查。

表 1-29　发动机舱内检查维护项目自检表

维护项目	保养内容	完成情况	备注（处理措施）
发动机舱清洁	发动机舱		
	流水槽		
液面高度检查	冷却液		
	机油		
	制动液		
	洗涤液		
	转向助力液		
滤芯更换	发动机空气滤清器滤芯		
	空调滤芯		
发动机舱大线	线束破损		
	插接器安装		
蓄电池	电压检查		
	清洁		
传动带张紧度	发电机传动带		
	空调压缩机传动带		
	正时传动带		
	转向助力泵传动带		
火花塞	火花塞检查		

2. 互检

按照表 1-30 的要求分别进行填写。

表 1-30　发动机舱内检查维护项目互检表

维护项目	保养内容	完成情况		备注（处理措施）
发动机舱清洁	发动机舱是否清理干净	是□	否□	
	流水槽是否清理干净	是□	否□	
液面高度检查	冷却液是否合格	是□	否□	
	机油是否合格	是□	否□	
	制动液是否合格	是□	否□	
	洗涤液是否合格	是□	否□	
	转向助力液是否合格	是□	否□	
滤芯更换	发动机空气滤清器滤芯是否更换	是□	否□	
	空调滤芯是否更换	是□	否□	

（续）

维护项目	保养内容	完成情况		备注（处理措施）
发动机舱大线	线束是否破损	是□	否□	
	插接器安装是否正确	是□	否□	
蓄电池	电压检查是否正常	是□	否□	
	清洁是否干净	是□	否□	
传动带张紧度	发电机传动带是否正常	是□	否□	
	空调压缩机传动带是否正常	是□	否□	
	正时传动带是否正常	是□	否□	
	动力转向传动带是否正常	是□	否□	
火花塞	火花塞检查是否正常	是□	否□	

七、评估应用

对照项目确认表 1-31 中的项目内容，检查评估发动机保养维护工作项目，并根据实际操作内容完成表 1-31 的填写。

表 1-31 发动机舱内检查维护项目确认表

维护项目	保养内容	完成情况	备注（处理措施）
清洁发动机舱	发动机舱		
	流水槽		
	空气滤芯		
	空调滤芯		
油液及渗漏的检查	冷却液		
	机油		
	制动液		
	转向助力液		
	玻璃清洗液		
传动带及张紧度的检查	正时传动带		
	传动带		
发动机舱内电器的检查与维护	蓄电池的清洁与检查		
	发动机线束的维护		
	火花塞的检查		

项目二

底盘的维护与保养

➔ 项目导入

一辆帕萨特轿车，行驶 25 000km，到 4S 店做保养。做完发动机维护保养后，应对其底盘系统进行维护与保养。

- 车　　型：帕萨特，1.8T。
- 年　　款：2005 年 1 月。
- 行驶里程：250 00km。
- 变速器：手动。

➔ 学习内容

- 轿车传动系统的维护与保养。
- 轿车转向系统的维护与保养。
- 轿车行驶系统的维护与保养。
- 轿车制动系统的维护与保养。
- 轿车底盘系统其他部位的维护与保养。

➔ 学习目标

- 能够熟练按照项目操作规范和操作步骤完成各项目的检查操作。
- 能够明确汽车底盘系统检查项目的内容及技术要求。
- 能够熟练掌握离合器踏板自由行程、驻车制动拉线松紧程度等的调整方法。
- 能够根据检查结果及时找出并排除故障隐患。

项目实施

任务一 传动系统与转向系统的检查与保养

一、任务解析

通过完成本任务，使学生了解轿车传动系统与转向系统的结构、组成及工作原理，掌握轿车传动系统与转向系统检查与保养的步骤与方法，了解汽车保养工人、技师岗位的基本要求。

二、资讯

1. 检查发动机、变速器底部是否有渗漏情况

使用举升机将车辆举升至合适的位置后，从车下仔细观察变速器与发动机下部是否有渗漏情况。主要检查离合器、差速器及变速器的底部，发动机底部及水管接口等处是否存在渗漏情况。对于发动机前置后轮驱动的车辆，还要检查万向传动装置是否有磨损及漏油情况的出现。汽车底部只要有油泥、油迹、陈旧型水迹，就说明汽车存在渗漏情况，如图2-1、图2-2和图2-3所示。

图2-1 发动机油底壳渗漏

图2-2 变速器油底壳渗漏　　图2-3 变速器与发动机连接处渗漏

2. 检查半轴油封，内、外球笼及防尘套

①检查内球笼与变速器壳体上是否有油迹，确定半轴油封是否存在渗漏现象，可用手转动半轴，检查半轴是否存在旷动，转动过程是否渗漏，如图2-4所示。

②检查内、外球笼防尘套是否存在裂纹、破损、脱落，橡胶是否老化、变质，用手晃动检查球笼有无旷动现象，如图2-5、图2-6所示。

  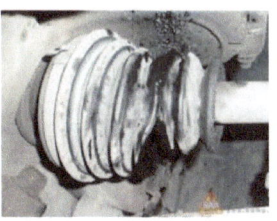

图2-4 半轴油封　　　图2-5 内球笼防尘套　　　图2-6 外球笼防尘套

3. 离合器踏板自由行程调整

离合器踏板的自由行程，是分离轴承与分离杠杆之间等处间隙的体现。离合器踏板行程如图2-7所示。此间隙随着从动盘摩擦片的磨损而逐渐变小，若间隙太小甚至没有间隙，分离轴承因与分离杠杆长时间接触而会迅速磨损、导致损坏，离合器在结合期会出现"打滑"故障；如间隙太大，离合器将出现分离不开的故障，因此，应定期检查调整离合器踏板的自由行程。

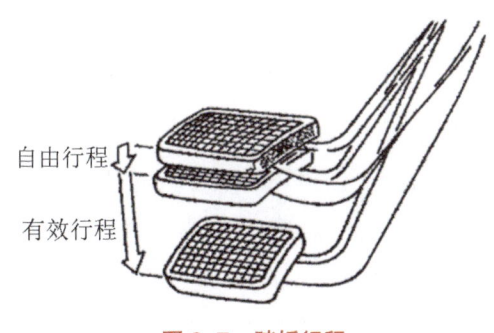

图2-7 踏板行程

在常见的小型汽车上，多采用膜片式离合器，用拉索进行操纵（例如：捷达、富康、桑塔纳等车型）。在捷达轿车离合器踏板自由行程的控制上采用了自动调整装置，此类离合器的踏板自由行程不需要进行调整。当检查其离合器踏板自由行程失准时，应检修或更换其自动调整装置。下面介绍普通拉索式离合器踏板自由行程的检查与调整。

①富康轿车的离合器踏板自由行程为5~15mm，有效行程不小于140mm。检查时，

先测出离合器踏板在完全放松时的高度,再测量踩下踏板感到分离杠杆被分离轴承压上时的高度,两次测量的行程差即为离合器踏板的自由行程。如不符合要求,可用离合器分离叉拉杆上的调整螺母进行调整。调整时,根据需要拧入调整螺母,则自由行程减少;拧出调整螺母,则自由行程增加。

②桑塔纳轿车的离合器踏板自由行程为15~25mm,有效行程为150±5mm。该车型离合器踏板自由行程的调整主要是靠离合器拉索的调整螺母来进行调整的,调整方法同上(如图2-8所示)。

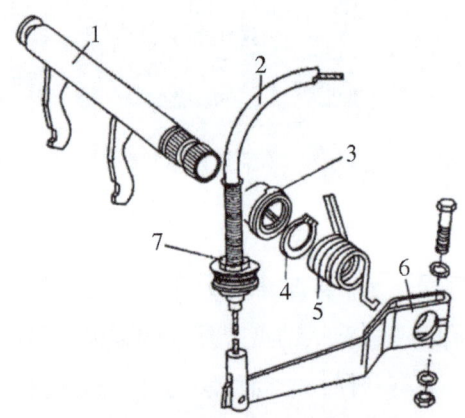

图2-8 桑塔纳轿车离合器传动机构

1—分离轴 2—离合器拉锁 3—轴承套及密封件 4—卡簧 5—回位弹簧
6—分离轴传动杆 7—拉锁调整螺母

③捷达轿车离合器采用自动调整拉索装置,该装置是一种免维护的拉索,具有自动补偿功能。当离合器摩擦片磨损时,由于拉索的自动调整作用,可使拉索内的拉线伸长一段量,起到了自由行程的补偿作用。这样就保证了在摩擦片磨损一定程度之后仍能可靠地传递转矩,避免了普通离合器踏板自由行程的定期调整工作,如图2-9所示。

4. 车桥的检查

对于越野车、客车、轻型货车、重型载货汽车以及牵引车,还需要对具有驱动能力的后桥,以及重型载货汽车的转向桥进行检查,检查车桥的整体情况。

对于整体式转向桥又称前轴,其检查项目如下所述。

(1) 前轴裂纹的检查 将前轴清洗干净后,用磁力探伤法或浸油敲击法进行检测,出现裂纹时,应更换前轴。磁力探伤是通过对铁磁材料进行磁化所产生的漏磁场,来发现其表面或近表面缺陷的无损检测技术。磁粉探伤是建立在漏磁原理基础上的一种磁力探伤方法。当磁力线穿过铁磁材料及其制品时,在其磁性不连续处将产生漏磁场,

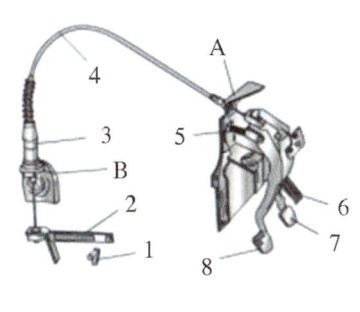 

a) b)

图 2-9 捷达轿车离合器自调装置

a) 捷达轿车离合器自调装置示意图　b) 捷达轿车离合器自调装置的位置

1—分离臂　2—离合器操纵臂　3—绳索自动调整装置　4—绳索总成　5—弹簧　6—加速踏板
7—制动踏板　8—离合器踏板

形成磁极。此时撒上干磁粉或浇上磁悬液，磁极就会吸附磁粉，产生用肉眼能直接观察的明显磁痕。浸油敲击法是先将需要检验的零件浸入煤油或柴油中片刻，取出后将表面擦干，撒上一层白粉，然后用小锤轻敲其非工作面，如有裂纹，由于振动，浸入裂纹的油溅出，使裂纹处的白粉呈黄色线痕。根据线痕即可判定裂纹位置。

（2）前轴磨损的检查

①前轴钢板弹簧座的检查是用直尺、塞尺检测，如图 2-10 所示。钢板弹簧座平面度误差应不大于 0.4mm，否则应进行修磨，或采用刨削、铣削等方法进行加工，但钢板弹簧座的厚度减少量应不大于 2mm，否则应进行堆焊修复或换用新件。钢板弹簧座上 U 形螺栓孔及定位销孔的磨损量应不大于 1mm，否则进行堆焊修复。

图 2-10 钢板弹簧座平面度误差检测

②两钢板弹簧座之间变形的检测，选用工具可以为直尺和塞尺。测量时两钢板弹簧座应在同一平面内，如图 2-11 所示进行检测，其平面度误差应不大于 0.8mm。

（3）前轴变形的检测与校正　前轴的变形可用水平仪检测。将前轴固定于台虎钳

图 2-11 两钢板弹簧座之间变形检测

或专用支架上，利用水平仪将一侧的钢板弹簧座调整成水平，然后再把水平仪放于另一弹簧座上进行检测，如图2-12所示。若水珠不在水平仪中间位置，表明两弹簧座之间存在垂直方向弯曲或扭曲变形。前轴两钢板弹簧座之间存在明显的弯、扭变形时，应予以校正。

图2-12　前轴变形检测

（4）驱动桥桥壳的检查　桥壳是安装主减速器、差速器、半轴、车轮的装配基体，其主要作用是支承并保护主减速器、差速器和半轴等。一般来说，普通非断开式驱动桥桥壳是一根支承在左、右驱动车轮上的刚性空心梁，主减速器、差速器、半轴等传动件均装在其中。桥壳经纵置钢板弹簧与车架或车厢相连，它是驱动桥的重要组成部分又是行驶系统的主要组成件之一。驱动桥桥壳应有足够的强度和刚度，便于主减速器的拆装和调整。驱动桥壳从结构上可分为整体式桥壳、分段式桥壳和组合式桥壳三类。

整体式桥壳是一根空心梁，桥壳和主减速器壳为两体。有刚度、强度大因而工作可靠的优点，但质量大、加工困难，适用于装载质量大的商用车。

按照制造工艺不同，整体式桥壳又可分为：

①整体铸造式桥壳。由两端压入用无缝钢管制成的半轴套管、桥壳和后盖等主要零件组成。整个桥壳为一根空心梁。

②钢板冲压焊接式桥壳。由桥壳主件、钢板弹簧座、半轴套筒、后盖等组成。将两个桥壳、三角镶块、钢板弹簧座和半轴套筒焊合在一起组成焊接式驱动桥桥壳，具有质量小、制造容易、材料利用合理、抗冲击性能良好、成本低等优点。在乘用车和装载质量小的商用车上得到广泛应用。

③扩张成形式桥壳。由中部经过扩孔，两端又经过滚压变细的钢管、凸缘和弹簧座等组成。凸缘和弹簧座焊在钢管上构成桥壳。扩张成形式桥壳材料利用率最高、质量小，而强度和刚度也足够，故大量生产的乘用车和装载质量在中等的商用车都适合用这种结构。

分段式桥壳是由左、右桥壳和半轴套管组成。左、右桥壳经铸造制成后，先在每个桥壳外端压入半轴套管，然后将两者沿结合面圆周方向布置的螺栓紧固在一起，构成分段式桥壳。这种桥壳结构简单，制造工艺性好，主减速器支承刚度好。但拆装、调整、维修很不方便，桥壳的刚度和强度受结构的限制，曾用于总质量不大的汽车上，现已较少使用。

组合式桥壳由主减速器壳、无缝钢管组成，特点是将主减速器壳与部分桥壳铸造为一体，再在两端分别压入无缝钢管而构成。组合式桥壳有主减速器从动齿轮轴承支承刚度较好，主减速器的装配、调整比可分式桥壳方便的优点，但加工精度要求高，仅应用在乘用车和总质量较小的商用车上。

桥壳的主要功能是：

①支承汽车质量，并承受由车轮传来的路面反力和反力矩，并经悬架传给车架（或车身）；

②桥壳是主减速器、差速器、半轴等部件的支承件和包容件；

③壳内装有润滑油，可对齿轮、轴承等进行润滑；

④密闭的壳体又能防止脏物侵入和损害壳体内部件的工作环境；

⑤桥壳还有使左、右驱动轮的轴向相对位置固定的作用。

桥壳应该满足如下要求：

①应具有足够的强度和刚度，以保证主减速器齿轮啮合正常并不使半轴产生附加弯曲应力；

②在保证强度和刚度的前提下，尽量减小质量以提高行驶平顺性；

③保证足够的离地间隙；

④结构工艺性好，成本低；

⑤保护装于其上的传动系部件和防止泥水浸入；

⑥拆装、调整、维修方便。

5. 转向系统泄漏检查

检查转向机转向助力液管接口及转向机两端防尘套是否存在破裂、渗漏等现象，如图2-13所示。

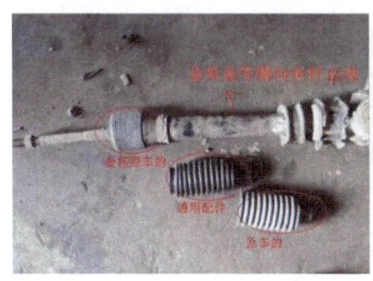
a)

b)

图2-13 转向系统渗漏检查

a）转向机防尘套 b）转向助力液管接口

6. 轿车转向横拉杆及拉杆球头检查

检查转向机转向横拉杆是否弯曲变形，转向拉杆调整螺母是否松动，并检查转向拉杆球头是否松旷，球头油封是否破损，如图 2-14 所示。

图 2-14　转向横拉杆及拉杆球头检查

a）检查转向横拉杆是否弯曲及调整螺母是否松动　b）检查拉杆球头是否松旷及油封是否破损

7. 采用循环球转向器的车辆转向传动机构的检查

检查转向摇臂、转向直拉杆、转向节臂、左右梯形臂、转向横拉杆是否弯曲变形或有断裂情况产生，检查各个球头铰接处是否有松旷现象，球头油封是否破损，转向横拉杆调整螺母是否松动，如图 2-15 所示。

图 2-15　转向传动机构

a）转向直拉杆　b）转向横拉杆

传动与转向系统的检查

三、决策

分组，各小组选出一名负责人，组员按负责人要求完成相关任务，根据任务内容制订传动系统和转向系统检查的工作计划，如表 2-1 所示。

表 2-1　决策表

序号	人员	任务
1		
2		
3		
4		
5		

四、计划

根据任务内容制订小组任务计划，简要说明任务实施过程的步骤及注意事项，并将计划内容等填入表 2-2 中。

表 2-2　计划表

序号	工作步骤	工具／辅具	注意事项	操作人
1				
2				
3				
4				
5				
6				
7				
8				

五、实施

按照计划步骤内容实施，记录实施结果在表 2-3 中。

表2-3 传动、转向系统检查

检查内容	检查情况	采取措施
发动机、变速器壳体	正常□/泄漏□	
半轴油封	正常□/泄漏□	
半轴旷动量	正常□/松旷□	
内、外球笼	正常□/防尘套破裂□/松旷□	
离合器自由行程	正常□/需调整□	
转向机泄漏	有□/无□	
转向拉杆	弯曲□/锁紧螺母松旷□/良好□	
拉杆球头	良好□/松旷□	

六、检查

1. 自检

自检结果填入表2-4中。

表2-4 自检表

序号	项目	结果	
1	发动机、变速器壳体是否泄漏	是□	否□
2	半轴油封是否泄漏	是□	否□
3	半轴旷动量是否正常	是□	否□
4	内、外球笼是否完好	是□	否□
5	离合器自由行程是否需要调整	是□	否□
6	转向机是否泄漏	是□	否□
7	转向拉杆是否良好	是□	否□
8	拉杆球头是否松旷	是□	否□

2. 互检

互检结果填入表2-5中。

表2-5 互检表

序号	项目	结果	
1	实训车辆是否恢复	是□	否□
2	实训工位是否清洁	是□	否□
3	实训工具是否缺损	是□	否□

任务二　　行驶系统的检查与保养

一、任务解析

通过完成本任务，使学生了解轿车行驶系统的结构、组成及工作原理，掌握轿车行驶系统检查与保养的步骤与方法，了解汽车保养工人、技师岗位的基本要求。

二、资讯

1. 检查四轮轴承间隙，必要时更换和调整

轿车车轮采用角接触轴承，长时间磨损，会使车轮变得松旷。为了行车安全，对轿车车轮轴承必须定期检查、清洗和润滑。

首先把轿车需要检查的一端顶起，并将其支承在安全支座上，如果检查的是后轮，驻车制动器应先脱开，用手旋转车轮。正常情况下车轮应旋转平稳，没有刺耳的摩擦以及"咯噔"声。听声音时，不要把制动垫块与制动盘的刮蹭声和轴承转动的杂音混淆，以免误判断。

检查车轮轴承螺母，必须确保旋紧。方法是，抓住轮胎的顶部和底部，将车轮向里、外摇晃，应该感觉不到明显的摆动。如果感到有点松动或不顺当，或者车辆已经行驶了 5 万 km 不曾给轴承清洗换润滑脂，就应该拆开检查。轴承螺母是由开口销固定的，应该将其取出来丢掉，再换一个新的开口销。如果轿车轴承固定用的是一个特殊的锁紧螺母，那么，用一个冲头将其从车轴的槽上松开。重新装合时，应换用一个新的螺母为好。用套筒扳手拧下螺母，摇动车轮取出挡圈和外轴承。将轮胎从车辆上取下放在两块木质垫块上，用冲头敲下轮毂后部的油封，内轴承将随油封一起脱落下来。

用清洗剂彻底清洗所有的零件，将清洗干净的轴承放在干净的布上，让其自然干燥。仔细检查每一个滚柱和滚柱保持架，检查轴承的外座圈。如果滚柱或座圈上有较深的刮伤、剥落或热变色，则轴承必须更换。

在洗净晾干的轴承上涂以新润滑脂。方法是用手将润滑脂均匀揿入滚柱周围，将内轴承装入轮毂里并安装一个新油封，用锤子垫硬木块把油封敲入到位。将轮毂套在车轴上，装上外轴承和挡圈，一边旋转轮毂，一边旋紧固定螺母。查阅保养手册并按规定拧紧这个固定螺母。

插入一个新的开口销，如不对孔应稍松一下而不要拧紧螺母，然后将开口销端头折弯。如果车辆用的是特殊固定螺母，应将其锁片部分敲弯，固定妥当，车轮轴承的保养工作就完成了。每 1.5 万 km 或 12 个月就应对其进行一次检查。

2. 轮胎的维护

轮胎的维护根据维护内容的不同分为轮胎的一级维护和二级维护。

轮胎一级维护作业的内容包括：检查轮胎螺母是否缺少或损失，气门嘴是否漏气，气门帽是否齐全，如有缺少或损坏应及时补齐、更换或修复；检查轮胎磨耗情况，如有不正常磨耗或变形应及时查明原因，予以纠正；清除胎面花纹中的石子和夹杂物，如有较深洞眼，应及时修补；检查轮胎搭配使用有无不当；检查轮胎轮辋、轮毂是否正常；检查轮胎气压，按规定标准充气；检查轮胎与车架、悬架系统、翼子板、车身等突出位有无擦、碰情况；视需要拆卸外胎进行内部检查，如有损坏，应给予及时修补。

汽车轮胎二级维护作业，除执行一级维护作业项目外，还需进行下列作业：从轮辋上拆卸下轮胎，并分解检查；检查外胎胎面、胎肩、胎侧和胎内腔，有无气鼓、脱层、裂伤或变形等现象；检查内胎和垫带（衬带）有无咬伤、折叠现象，气门嘴、气门芯是否完好；检查轮辋、锁圈、挡圈有无变形，并除去铁锈，必要时刷防锈漆；检查轮辋螺栓孔有无磨损过甚或裂纹、变形等。经以上检查后，修理、修补或更换新件，然后将外胎内腔撒上滑石粉，装入内胎和衬带，再装入轮辋、挡圈、锁圈；轮胎装合后按标准要求充气。应特别注意充气时将锁圈一面朝下平放在地上，以防充气后锁圈弹出伤人。检查底盘有关影响轮胎不正常磨损的部位：前轮定位，特别是前轮前束是否合乎标准；轮毂轴承是否完好、松旷；转向横、直拉杆是否完好、松旷；悬架部分是否有摩擦、碰胎侧；制动时有无跑偏、拖滞现象；轮胎与车身、车厢、翼子板等处有无擦、碰现象；车架、车桥有无变形。以上各项如有不符合规定时，必须修复或更换。

3. 检查轮胎（包括备胎）花纹深度及状态

轮胎的花纹很重要，它能够确保有效的抓地力。轮胎正常磨损到一定程度就需要更换了，而花纹的深浅则是判断是否应该更换的依据。不同品牌的轮胎都会有磨损标志，它在轮胎的表面比较隐蔽的位置，是指示轮胎应该更换的标志。一旦发现轮胎已经磨损到该标志了，就说明轮胎需要更换了。

同时，通过对轮胎接地面的观察，也能够判断出车辆四轮定位及悬架存在的隐患。这需要比较细心的观察。一般来说，如果一个轮胎发现了问题，那就需要认真地观察对称的另一个同轴轮胎，甚至需要仔细查看另两个异轴轮胎。

一般来说，当轮胎磨耗到胎面花纹沟深仅剩 1.6mm 时，就必须更换。这时纵贯胎面的"磨耗标记"胶条便会明显显露出来，表示应该马上更换轮胎。否则，行驶时轻则轮胎会出现打滑现象，延长制动距离；严重时，当轮胎在湿滑路面上行驶，易产生"浮滑现象"，造成转向盘及制动失灵，引发安全事故，同时也易引发爆胎事故。轮胎花纹深度检查如图 2-16 所示。

图 2-16 轮胎花纹深度检查

除此之外，还应检查轮胎胎冠及胎侧是否有损伤，必要时去掉异物如钉子、铁屑等。如图 2-17 所示。

a) b)

图 2-17 检查并清除轮胎胎面异物

a）轮胎滚动面的异物　b）轮胎滚动面上的铁钉

4. 检查轮胎充气压力

轮胎是汽车安全行驶的一个很重要的部件，由于轮胎的原因而造成的事故其后果是很严重的。胎压是轮胎的生命，所以随时保持在正确的胎压下行驶，对车主的人身安全及其爱车的保养都有极大好处。

胎压过高，使轮胎与地面的接触面积减少，单位面积所承受的压力、磨损剧增，容易造成制动失控，遇地面凸起物或凹陷时会爆胎，损害车的悬架系统，乘坐不舒适等危害。

胎压过低，使轮胎与地面接触面积增加，行驶时胎内温度不正常增加，同时，由于胎侧变形严重，内部的钢丝、帘布层老化加剧，从而为爆胎埋下隐患，并且使耗油量增加，轮胎寿命降低。

校正胎压是安全检查中最重要的一环。现今各种轿车，在用户手册上部会注明该车轮胎胎压要求，允许的偏差也就是上下 0.1~0.2kgf 压力（一、二百个 kPa 单位）。很多车主往往随意打气，甚至用脚踢来试试气足不足，这是危险的。因为轮胎在工作情况中致命的因素是发热。一辆以 100km/h 时速行驶的车辆，胎面温度（最热的地方是在胎肩，即胎面与胎侧交接处）可达到 70℃左右（烫手）。从轮胎结构讲，有三个地方吃力最重：即胎肩、胎侧以及胎圈。轮胎充完气以后是鼓起的，但其与地面接触部分却是平的。轮胎运动时就好像一个气球被反复地往地面按压，橡胶材料随之受弯曲、拉伸作用；同时在离心力的作用下轮胎会发生交叉变形，其工作情况之恶劣可想而知。假如气压不正常，这些反复交叉的变形就不能保持在设计允许的范围以内，由此必然带来使用寿命的降低，如图 2-18 所示。

a)　　　　　　　　　　　b)

图 2-18　轮胎胎压不正常造成的不正常磨损

a）胎压不足导致的两侧磨损　b）胎压过大导致的中间磨损

轿车轮胎的充气压力标准，在维修手册或保养手册中都有标识。另外，多数轿车的轮胎压力标准，在车身上都可以找到。有的在驾驶人侧车门的中立柱上标注，有的在轿车油箱盖上标注。轮胎充气方法及胎压标注，如图 2-19 所示。

a)　　　　　　　　　　　b)

图 2-19　轮胎充气压力标注及检查

a）轿车轮胎压力标准　b）轮胎压力检查

5. 车轮动平衡的检查

（1）车轮动平衡　汽车的车轮是由轮胎、轮毂组成的一个整体，但由于制造上的原因，使这个整体各部分的质量分布不可能非常均匀。当汽车车轮高速旋转起来后，就会形成动不平衡状态，造成车辆在行驶中车轮抖动、转向盘震动的现象。

为了避免这种现象或是消除已经发生的这种现象，就要使车轮在动态情况下通过增加配重的方法，校正车轮各边缘部分，使其达到平衡。这个校正的过程就是所谓的动平衡。所加装的平衡块是用铅、铁或锌做成，以g（克）为单位，计有5g、10g、15g等。不要以为平衡块质量小，当车轮高速转动时就会产生很大离心力。平衡块上有一个扣，可嵌扣在轮圈边缘上。

（2）影响车轮动失衡的原因

①轮毂、制动鼓（盘）加工时轴心定位不准、加工误差大、非加工面铸造误差大、热处理变形、使用中变形或磨损不均；

②轮毂螺栓质量不等、轮毂质量分布不均或其径向圆跳动、轴向圆跳动太大；

③轮胎质量分布不均、尺寸或形状误差太大、使用中变形或磨损不均、使用翻新胎或垫、补胎；

④并装双胎的充气嘴未相隔180°，单胎的充气嘴未与不平衡点标记相隔180°安装；

⑤轮毂、制动鼓、轮胎螺栓、轮辋、内胎、衬带、轮胎等拆卸后重新组装成轮胎时，累计的不平衡质量或形位偏差太大，破坏了原来的平衡。

（3）动平衡的步骤　现在的车轮动平衡都是在动平衡仪上进行的。动平衡仪有就车式和离车式两类，目前市面上主要使用的是离车式动平衡检测仪，如图2-20、图2-21所示。

做动平衡需要4个步骤：首先把车轮与轮胎组装好，把车轮装上动平衡仪，选择适应大小的固定器。先把动平衡仪上的尺子拉出来，测量，然后输入第一个控制器。

第二步是把弯尺拿出，测量轮辋宽度，同样在第二个控制器上输入。

图2-20　小型车轮动平衡仪　　　图2-21　大型车轮动平衡仪

第三步是在控制器输入轮辋直径，按起动键开始做车轮动平衡。

当检测停止后，电脑会测量出轮辋内外侧需要增加的砝码重量，先装外侧，转动轮胎，根据提示把砝码敲打上。

动平衡是只对单个轮胎而言的，目的是使轮胎在转动时自身不发生重心的偏转。做动平衡只要把轮胎拆下来，上动平衡机，转一下，看机器显示的数值。

在轮毂两边同时敲上与数值对应重量的平衡块，但要注意的是，比如左右分别显示"10""15"，就应同时在左右分别敲上质量为10g和15g的两个平衡块，而不能只在右侧敲一块5g的平衡块，那是达不到要求的。

轮胎应当定期做动平衡检查，用动平衡检测仪检查。轮胎平衡分为动态平衡和静态平衡两种。动态不平衡会使车轮摇摆，令轮胎产生波浪形磨损；静态不平衡会产生颠簸和跳动现象，往往使轮胎产生平斑现象。因此，定期检测平衡不但能延长轮胎寿命，还能提高汽车行驶时的稳定性，避免在高速行驶时因轮胎摆动、跳动，失去控制而造成的交通事故。

车轮动平衡要本着先做车轮内圆面的动平衡试验，然后做外圆面的动平衡试验。为车轮做好动平衡可以增强驾驶舒适感，减少汽油消耗，增加轮胎使用寿命，保证车辆的直行稳定性，降低底盘悬架配件的磨损，增强行驶安全。

一般在进行了如下操作以后需要对车轮进行动平衡试验：

①更换新胎或发生碰撞事故维修后；

②前后轮胎单侧偏磨；

③驾驶时转向盘过重或飘浮发抖；

④直行时汽车向左或向右跑偏；

⑤虽无以上状况，但出于维护目的，建议新车在驾驶3个月后，以后半年或1万km一次。

6. 检查车轮螺栓拧紧力矩和四轮换位

汽车长时间行驶，由于四轮定位参数、车轮转向和驱动的不同，四个车轮的磨损程度和磨损均匀度也会不同。为了能让车轮正常磨损，应定期对轿车的四个车轮，甚至包括备胎进行位置更换。更换方法及位置如图2-22所示。

轮胎换位应根据轮胎的不同特点采用不同的换位方法。

（1）花纹无方向斜交轮胎的换位　由于轮胎在使用中，前轮磨损比后轮重，将同一车桥上的轮胎对换，可使轮胎的左右侧面磨损均匀。经过一段时间的使用后，前轴换下的轮胎可予以报废、翻新或作为备胎使用，新轮胎则装在前轮上。这样做是较为经济合理的。

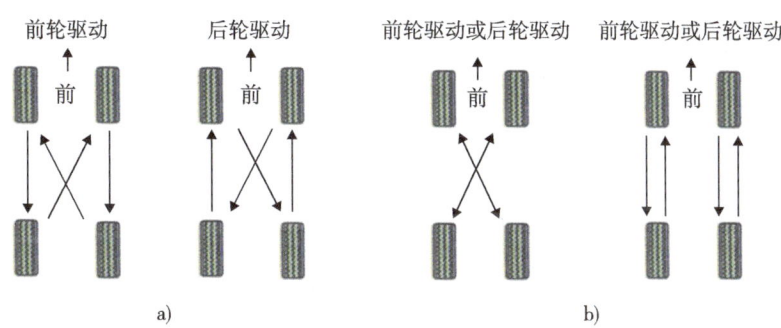

图 2-22 四轮换位方法

a）改进型"X"（推荐方法）　b）全"X"和前后交换型

（2）子午线轮胎的换位　子午线轮胎应保持在车辆的同一侧使用，即保持相同的旋转方向。子午线轮胎的旋转走向是固定的，如果旋转方向弄反了，会使车辆失去操纵稳定性，使汽车行驶不顺并产生振动。

另外在使用雪地轮胎或带防滑钉的轮胎时，不应换位。储存该类轮胎时，应在轮胎上标明轮胎使用时旋转的方向，以确保该类轮胎以同一旋转方向重新装用。

根据驾驶人不同的驾驶习惯和驾驶路线，应参照汽车自带的保养手册定期进行轮胎换位。轮胎换位间隔一般新车为 10 000km，以后每行驶 5 000~10 000km 进行一次轮胎换位。

车轮与轮毂之间靠螺栓联接，紧固螺栓的拧紧力矩是车轮与轮毂联接的重要保证，因此在保养时，还应对轿车的每个轮胎的螺栓拧紧力矩进行检查。

7. 四轮定位

四轮定位是以车辆的四轮参数为依据，通过调整以确保车辆良好的行驶性能并具备一定的可靠性。

轿车的转向车轮、转向节和前轴三者之间的安装具有一定的相对位置，这种具有一定相对位置的安装称为转向车轮定位，也称为前轮定位。前轮定位包括主销后倾（角）、主销内倾（角）、前轮外倾（角）和前轮前束四个内容。这是对两个转向前轮而言，对两个后轮来说也同样存在与后轴之间安装的相对位置，称为后轮定位。后轮定位包括车轮外倾（角）和后轮前束。这样前轮定位和后轮定位总起来叫四轮定位。车轮定位的作用是使汽车保持稳定的直线行驶和转向轻便，并减少汽车在行驶中轮胎和转向机件的磨损。

（1）主销后倾角　从侧面看车轮，转向主销（车轮转向时的旋转中心）向后倾倒，称为主销后倾角，如图 2-23 所示。设置主销后倾角后，主销中心线的接地点与车轮中心的地面投影点之间产生距离（称作主销纵倾移距，与自行车的前轮叉梁向后倾斜的

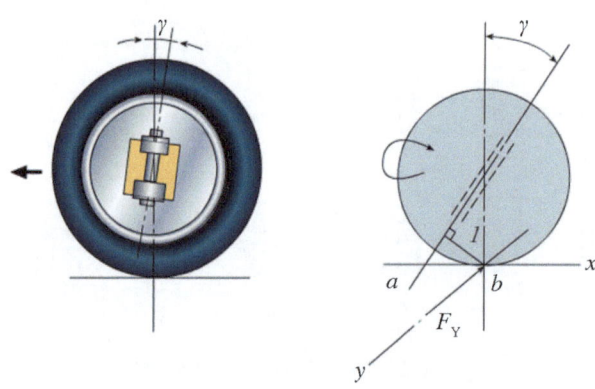

图 2-23 主销后倾角示意图

原理相同），使车轮的接地点位于转向主销延长线的后端，车轮就靠行驶中的滚动阻力被向后拉，使车轮的方向自然朝向行驶方向。设定很大的主销后倾角可提高直线行驶性能，同时主销纵倾移距也增大。主销纵倾移距过大，会使转向盘沉重，而且由于路面干扰而加剧车轮的前后颠簸。

（2）主销内倾角　从车前后方向看轮胎时，主销轴向车身内侧倾斜，该角度称为主销内倾角，如图 2-24 所示。当车轮以主销为中心回转时，车轮的最低点将陷入路面以下，但实际上车轮下边缘不可能陷入路面以下，而是将转向车轮连同整个汽车前部向上抬起一个相应的高度，这样汽车本身的重力有使转向车轮回复到原来中间位置的效应，因而转向盘复位容易。

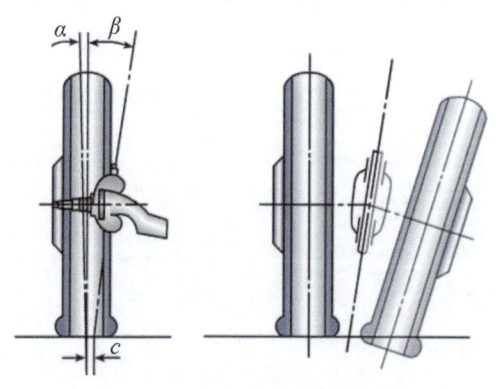

图 2-24 主销内倾角示意图

此外，主销内倾角还使得主销轴线与路面交点到车轮中心平面与地面交线的距离减小，从而减小转向时驾驶人加在方向盘上的力，使转向操纵轻便，同时也可减少从转向轮传到方向盘上的冲击力。但主销内倾角也不宜过大，否则加速了轮胎的磨损。

（3）前轮外倾　从前后方向看车轮时，轮胎并非垂直安装，而是稍微倾倒呈现"八"

字形张开,称为负外倾,而朝反方向张开时称正外倾,如图2-25所示。使用斜线轮胎的鼎盛时期,由于使轮胎倾斜触地便于转向盘的操作,所以外倾角设得比较大。现在的汽车一般将外倾角设定得很小,接近垂直。这是由于汽车装用扁平子午线轮胎不断普及,由于子午线轮胎的特性(轮胎花纹刚性大,外胎面宽),若设定大外倾角会使轮胎磨偏,降低轮胎摩擦力。还由于助力转向机构的不断使用,也使外倾角不断缩小。尽管如此,设定少许的外倾角可对车轴上的车轮轴承施加适当的横推力。

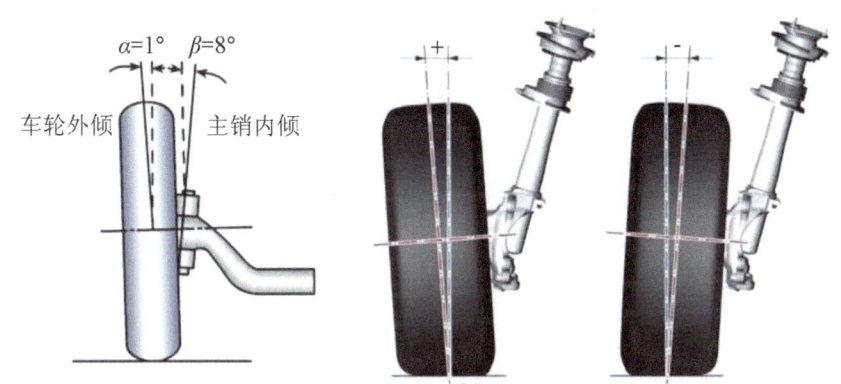

图 2-25 前轮外倾角示意图

(4)车轮前束 "前束"是脚尖向内,所谓"内八字脚"的意思,指的是左右前轮前端距离小于后端距离,如图2-26所示。采用这种结构的目的是修正上述前轮外倾角引起的车轮向外侧转动。如前所述,由于有外倾,转向盘操作变得容易。另一方面,由于车轮倾斜,左右前轮分别向外侧转动,为了修正这个问题,如果左右两轮带有向内的角度,则正负为零,左右两轮可保持直线行进,减少轮胎磨损。

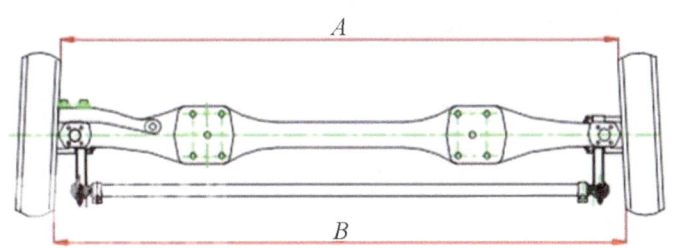

图 2-26 车轮前束示意图

上述的四种定位值都是前轮定位的指标。后轮定位值与前轮定位值相似,但大多数轿车的后轮定位只是后轮前束和后轮外倾角可以调整。

由于车辆的车轮、转向机构、前后车轴之间的安装应具有一定的相对位置,这个相对位置是由厂家制定的标准值。调整恢复这个位置的安装,就是四轮定位。四轮定位的顺序要按照先后轮后前轮，先外倾后主销，最后调前束的顺序进行调整。

一般当车辆发生以下情况后要做四轮定位：

①车辆的行驶性能受到了影响（驾驶人感受最为直接的是跑偏，打方向不自动回轮也算一个）。

②因事故造成底盘及悬架的损伤。

③轮胎出现磨损异常（但也要考虑到是否是因胎压不正常才导致了异常磨损，一般情况下，胎压过高会加剧胎面中央的磨损，而胎压过低会加剧胎面两侧的磨损；如果一侧出现偏磨，则有可能是外倾角出现偏差）。

④车桥以及悬架的零件被拆下过。

需要注意的是，在做四轮定位前首先要检查车辆各个轮胎的压力是否相等，各个车轮的技术状况是否一致，车辆底盘悬架部件是否有变形损坏，个别车辆的备胎不是在行李舱的正中间，此时要看备胎是否完备，必要时还要在定位之前进行试车，这些都是在做定位前必不可少的准备工作。

8. 检查减振器防尘套及泄漏

减振器是轿车悬架的重要组成之一，它的主要作用是，对汽车行驶中的颠簸起到一定的缓冲作用，减少汽车由于颠簸引起的振动。减振器的主要耗损是密封元件，除此之外，减振器的防尘套也是检查的主要内容之一，防尘套应无破损、变形等状况，如图2-27所示。

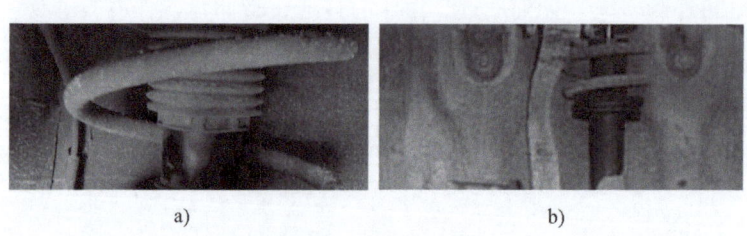

图 2-27 减振器的检查

a）减振器防尘套 b）减振器泄漏

9. 弹性元件的检查

汽车的弹性元件主要有钢板弹簧、螺旋弹簧、扭杆弹簧、气体弹簧和橡胶弹簧这几大类。

钢板弹簧一般都配合非独立悬架整体式车桥使用，而螺旋弹簧一般应用在轿车和轻型载货汽车上，它既可以与非独立悬架配合使用也可以与独立悬架配合使用，但二者起到的作用大不一样。

对于钢板弹簧需要检查的项目有：

①钢板弹簧片间磨损情况的检查；

②钢板弹簧断裂情况的检查；

③钢板弹簧弧度变化的检查；

④钢板弹簧中心螺栓弯曲变形的检查；

⑤钢板弹簧固定夹变形断裂的检查；

⑥钢板弹簧与车架之间铰接销孔磨损情况的检查；

⑦钢板弹簧后端连轴磨损情况的检查。

对于螺旋弹簧的检查项目有：

①弹簧自由高度的检查；

②弹簧簧载质量的检查；

③弹簧变形量的检查。

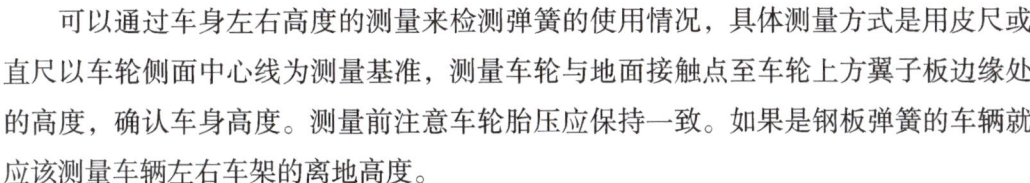

行驶与制动系统的检查

可以通过车身左右高度的测量来检测弹簧的使用情况，具体测量方式是用皮尺或直尺以车轮侧面中心线为测量基准，测量车轮与地面接触点至车轮上方翼子板边缘处的高度，确认车身高度。测量前注意车轮胎压应保持一致。如果是钢板弹簧的车辆就应该测量车辆左右车架的离地高度。

10. 检查汽车行驶系统其他元件的紧固

为保证汽车行驶的安全性，还应检查汽车底盘元宝梁、平衡杆等元件的连接处的紧固情况，紧固联接螺栓以及转向节臂的变形情况检查。转向节的外形比较难于对比，一般采用车上测量左右两个转向节臂与同侧车轮胎内侧间隙是否一致的方法来判断转向节的变形情况；减振器的轻微变形监测也是如此。

三、决策

分组，各小组选出一名负责人，组员按负责人要求完成相关任务，根据任务内容制订行驶系统检查的工作计划，如表 2-6 所示。

表 2-6　决策表

序号	人员	任务
1		
2		
3		
4		
5		

四、计划

根据任务内容制订小组任务计划，简要说明任务实施过程的步骤及注意事项，并将计划内容等填入表 2-7 中。

表 2-7　计划表

序号	工作步骤	工具／辅具	注意事项	操作人
1				
2				
3				
4				
5				
6				
7				
8				

五、实施

按照计划步骤内容实施，记录实施结果在表 2-8 中。

表 2-8　行驶系统检查

检查内容			检查情况	备注／处理意见
轮胎检查	胎面		正常□／裂纹划痕□／异物刺入□	
	胎纹深度	极限值	1.6mm	
		检测值	左前：　　右前：	
			左后：　　右后：	
	胎压	标准值	半载：前 0.2MPa、后 0.18MPa 满载：前 0.2MPa、后 0.26MPa 备胎：0.26MPa	
		检测值	左前：　　右前：	
			左后：　　右后：	
			备胎：	
	磨损		正常□／偏磨□／到达使用极限□	
悬架减振器			正常□／泄漏□／防尘套破裂□	

（续）

检查内容		检查情况		备注／处理意见
紧固力矩	项目	标准值	检查值	
	下肢臂	130、130、35N·m	_____ N·m	
	元宝梁	130N·m	_____ N·m	
	平衡杆	25N·m	_____ N·m	
	车轮螺栓拧紧力矩	铁圈110N·m 铝圈120N·m	_____ N·m	
车轮动平衡	车轮方位	测量值	配重方式及克数	
	左前轮	_____ g	粘块□ 吊块□ ___g	
	右前轮	_____ g	粘块□ 吊块□ ___g	
	左后轮	_____ g	粘块□ 吊块□ ___g	
	右后轮	_____ g	粘块□ 吊块□ ___g	
四轮定位	项目名称		标准值	实际测量值
	前轮	前束值		
		车轮外倾		
		主销内倾		
		主销外倾		
	后轮	前束值		
		车轮外倾		
弹性元件检查	弹簧类型	片间磨损	簧载质量	弹簧弧度／自由高度
	钢板弹簧			
	螺旋弹簧			

六、检查

1. 自检

自检结果填入表2-9中。

表2-9 自检表

序号	项目	结果
1	胎面是否正常	是□ 否□
2	胎纹深度是否符合标准	是□ 否□
3	胎压是否符合标准	是□ 否□

（续）

序号	项目	结果
4	胎面磨损是否达到使用极限	是□ 否□
5	悬架减振器是否泄漏	是□ 否□
6	下肢臂锁紧螺栓拧紧力矩是否为标准值	是□ 否□
7	元宝梁锁紧螺栓拧紧力矩是否为标准值	是□ 否□
8	平衡杆锁紧螺栓拧紧力矩是否为标准值	是□ 否□
9	车轮螺栓拧紧力矩是否为标准值	是□ 否□
10	弹性元件是否合格	是□ 否□
11	车轮动平衡是否合格	是□ 否□
12	四轮定位是否调整至合格数值范围	是□ 否□

2. 互检

互检结果填入表2-10中。

表2-10 互检表

序号	项目	结果
1	实训车辆是否恢复	是□ 否□
2	实训工位是否清洁	是□ 否□
3	实训工具是否缺损	是□ 否□

任务三　制动系统的检查与保养

一、任务解析

通过完成本任务，使学生了解轿车制动系统的结构、组成及工作原理，掌握轿车制动系统检查与保养的步骤与方法，了解汽车保养工人、技师岗位的基本要求。

二、资讯

1. 检查行车制动系统泄漏

轿车制动系统主要靠液压来传递制动力，因此，除了对制动液液面检查外，举升车辆后，还应对车辆底部制动管路及制动分缸进行泄漏检查。主要检查制动盘、制动毂周围及轮毂上是否有制动液。另外，还应检查放油螺栓附近是否有泄漏情况。

2. 检查驻车制动（手刹）

拉紧驻车制动，并将车辆举升到合适高度，用手用力转动后轮时，应转不动车轮，若车轮可以转动，则必须对驻车制动进行调整。调整方法如下：

1）首先卸下中央扶手箱或驻车制动拉杆护罩；

2）用 10mm 规格小扳手调整对应车轮的驻车制动调整螺栓，如图 2-28 所示；

3）调整时应边调整边检测，调整合适后，将中央扶手箱或驻车制动拉杆护罩恢复原位。

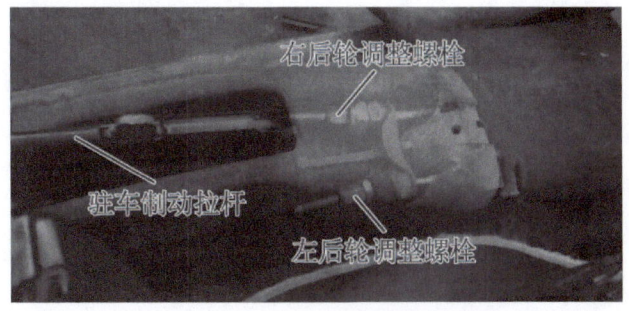

图 2-28　捷达轿车驻车制动调整螺栓

3. 拆下车轮检查制动片磨损情况

制动系统摩擦片属于易损件，因此，应定期对制动系统摩擦片进行检查，如图2-29所示。

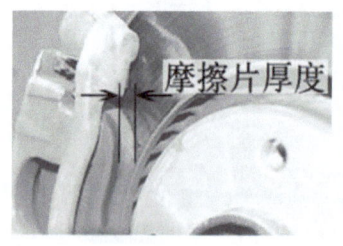

a)　　　　　　　　　　　　　b)

图2-29　摩擦片磨损情况检查

a）钳盘式摩擦片检查　b）鼓式制动器摩擦片检查

4. 检查制动盘磨损情况

制动系统中，制动盘属于磨损件，虽然它没有摩擦片消耗得快，但是随着频繁的制动以及制动时路面状况的不确定，也会导致制动盘的磨损不一致，因此定期对制动盘磨损情况进行检查就显得尤为必要，如图2-30所示。

图2-30　制动盘磨损情况

5. 检查制动油管渗漏情况

制动油管由铁管和软管两部分组成，一般铁管是固定在车身上，除外力碰撞可能导致其损坏以外，一般情况下不容易发生渗漏，但是由于软管位于车轮附近，尤其是转向轮附近的软管，由于转向轮经常相对运动，所以长时间使用可能会导致软管的早期磨损、渗漏或者过度弯折破裂情况发生，因此定期对制动软管进行检查十分必要，如图2-31所示。

三、决策

分组，各小组选出一名负责人，组员按负责人要求完成相关任务，根据任务内容

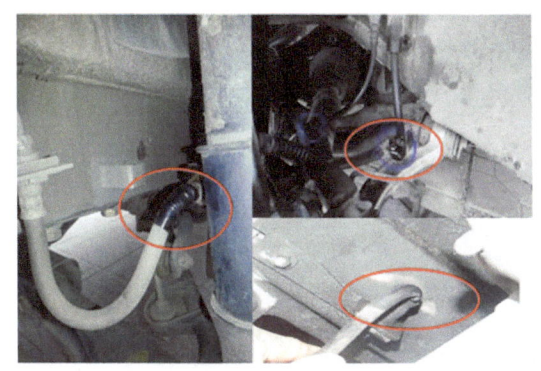

图 2-31 制动软管破损情况

制订制动系统检查的工作计划,如表 2-11 所示。

表 2-11 决策表

序号	人员	任务
1		
2		
3		
4		
5		

四、计划

根据任务内容制订小组任务计划,简要说明任务实施过程的步骤及注意事项,并将计划内容等填入表 2-12 中。

表 2-12 计划表

序号	工作步骤	工具/辅具	注意事项	操作人
1				
2				
3				
4				
5				

（续）

序号	工作步骤	工具／辅具	注意事项	操作人
6				
7				
8				

五、实施

按照计划步骤内容实施，记录实施结果在表 2-13 中。

表 2-13　制动系统检查

检查内容	检查情况			备注／处理意见
制动管路及分泵	良好□／泄漏□／破裂变形□			
前制动盘厚度	磨损极限厚度		测量值	
	10mm		左： 右：	
制动片厚度	前轮	磨损极限厚度	剩余厚度	
		7mm（包括背板）	左轮＿＿＿＿mm 右轮＿＿＿＿mm	
	后轮	2mm	左轮＿＿＿＿mm 右轮＿＿＿＿mm	
驻车制动	正常□／松懈□			

六、检查

1. 自检

自检结果填入表 2-14 中。

表 2-14　自检表

序号	项目	结果	
1	制动管路及分泵是否泄漏	是□	否□
2	前制动盘厚度是否达到磨损极限	是□	否□
3	前轮制动片厚度是否达到磨损极限	是□	否□
4	后轮制动片厚度是否达到磨损极限	是□	否□

（续）

序号	项目	结果
5	驻车制动是否正常	是□ 否□
6	制动软管是否正常	是□ 否□

2. 互检

互检结果填入表 2-15 中。

表 2-15 互检表

序号	项目	结果
1	实训车辆是否恢复	是□ 否□
2	实训工位是否清洁	是□ 否□
3	实训工具是否缺损	是□ 否□

任务四　底盘系统其他部位的检查与保养

一、任务解析

通过完成本任务，使学生了解轿车底盘系统其他部位的结构、组成及工作原理，掌握轿车底盘系统其他部位检查与保养的步骤与方法，了解汽车保养工人、技师岗位的基本要求。

二、资讯

1. 检查发动机支架及变速器摆动支撑

检查发动机支架及变速器摆动支撑紧固的螺栓是否松动、橡胶支架是否老化，如图 2-32 所示。

图 2-32　检查发动机机脚垫

a）检查紧固螺栓拧紧力矩　b）检查橡胶支架是否老化破裂

2. 检查排气系统消声器

检查消声器是否破损、锈蚀，并用手晃动三元催化转化器，辨听内部催化剂是否破裂、剥落，还应检查消声器橡胶吊耳是否老化，如图 2-33 和图 2-34 所示。

 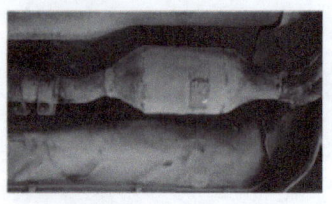

图 2-33　检查排气系统消声器

a）消声器　b）三元催化器

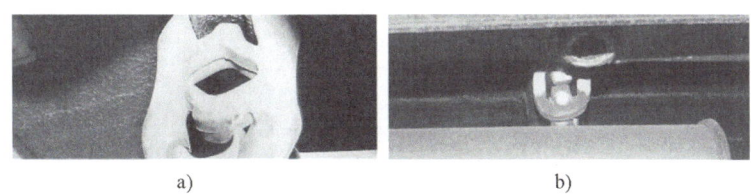

图 2-34 检查消声器吊耳是否老化

a）中节消声器吊耳　b）尾节消声器吊耳

3. 检查燃油供给系统是否泄漏

在车底部检查燃油系统是否存在泄漏，燃油箱固定是否牢固，如图 2-35 所示。

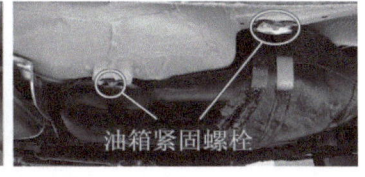

图 2-35 燃油系统底部检查

a）燃油滤清器及燃油管路　b）燃油箱

更换制动盘和制动片

三、决策

分组，各小组选出一名负责人，组员按负责人要求完成相关任务，根据任务内容制订底盘系统其他部位检查的工作计划，见表 2-16。

表 2-16　决策表

序号	人员	任务
1		
2		
3		
4		
5		

四、计划

根据任务内容制订小组任务计划,简要说明任务实施过程的步骤及注意事项,并将计划内容等填入表2-17中。

表2-17 计划表

序号	工作步骤	工具/辅具	注意事项	操作人
1				
2				
3				
4				
5				
6				
7				
8				

五、实施

按照计划步骤内容实施,记录实施结果在表2-18中。

表2-18 底盘系统其他部位检查

检查内容		检查情况	备注(处理措施)
发动机支架		正常□/松动□/橡胶老化□	
发动机总成	前悬置点	拧紧力矩标准值	
		30N·m 70N·m	
		拧紧力矩检测值	
	后悬置点	拧紧力矩标准值	
		60N·m	
		拧紧力矩检测值	

（续）

检查内容		检查情况	备注（处理措施）
	变速器摆动支撑	正常□ / 松动□ / 橡胶老化□	
排气系统	排气管及消声器	正常□ / 锈蚀、破损□	
	三元催化转化器	正常□ / 损坏□	
	排气管吊耳	正常□ / 脱落□ / 老化□	
燃油系统	燃油管路	正常□ / 泄漏□	
	燃油箱	正常□ / 松动□ / 裂纹□	

六、检查

1. 自检

自检结果填入表 2-19 中。

表 2-19 自检表

序号	项目	结果
1	轮胎是否换位	是□ 否□
2	制动片是否测量	是□ 否□
3	检查有无漏项	是□ 否□
4	记录情况与实际车辆的情况是否相符	是□ 否□

2. 互检

互检结果填入表 2-20 中。

表 2-20 互检表

序号	项目	结果
1	检查有无漏油	是□ 否□
2	记录的数据与实际情况是否相符	是□ 否□
3	四个轮胎螺母是否按规定值紧固	是□ 否□
4	轮胎胎压是否在规定值	是□ 否□

3. 终检

终检结果填入表 2-21 中。

表 2-21　终检表

序号	项目	结果	
1	检查有无漏项	是□	否□
2	检查测量的结果是否正确	是□	否□
3	轮胎螺母是否紧固	是□	否□

七、评估应用

对照项目确认表 2-22 中的项目内容，检查评估底盘保养维护工作项目，并根据实际操作内容完成表 2-22 的填写。

表 2-22　底盘系统检查维护项目检查确认表

维护项目	保养内容	完成情况	备注（处理措施）
传动系统	发动机、变速器壳体		
	半轴油封		
	半轴		
	万向节		
	离合器自由行程		
转向系统	转向器泄漏检查		
	转向拉杆		
	拉杆球头		
行驶系统	轮胎检查		
	减振器检查		
	紧固力矩		
	四轮换位		
制动系统	制动管路及分泵检查		
	前制动盘厚度检查		
	制动片厚度检查		
	驻车制动器检查		
其他项目	发动机、变速器机脚架		
	排气系统检查		
	燃油系统检查		

项目三
整车电器的维护与保养

➔ 项目导入

　　一辆帕萨特轿车，行驶 25 000km，到 4S 店做保养。经接待人员接车后，将车辆开到维修工位上。维修人员首先对全车用电器进行检查。

- 车　型：帕萨特，1.8T。
- 年　款：2005 年 1 月。
- 行驶里程：25 000km。
- 变速器：手动。

➔ 学习内容

- 轿车外部灯光的检查。
- 轿车内部电器及其他部件检查。

➔ 学习目标

- 能够明确全车电器保养检查的内容。
- 能够熟练配合完成二人灯光检查的操作方法和手势。
- 能够掌握全车电器的操作和检查方法。
- 能够根据检查结果及时找出并排除故障隐患。

项目实施

任务一　车辆外部灯光的检查

一、任务解析

通过完成本任务，使学生了解轿车外部灯光的结构、组成及工作原理，掌握双人手势对车辆外部灯光进行检查的方法，了解汽车保养工人、技师岗位的基本要求。

二、资讯

1. 车辆外部灯光

车辆外部灯光主要包括前照灯（俗称大灯）、雾灯、示宽灯（小灯）、转向灯、危险报警闪光灯（俗称双闪灯）、制动灯和倒车灯等。

车辆外部灯光检查及手势

2. 双人手势

在进行车辆外部灯光检车时，需两人使用双人手势完成。即，检查灯光的工作人员站在车外，通过手势告知车内工作人员打开相应的车辆灯光。步骤如下：

（1）检查车辆前部灯光

①检查左前停车灯

右臂向右伸展，右手掌心向内并指向停车灯位置，如图3-1所示。

②检查右前停车灯

图3-1　检查左前停车灯

图3-2　检查右前停车灯

左臂向左伸展，左手掌心向内并指向停车灯位置，如图3-2所示。

③检查前示宽灯

双手向两侧平伸，手掌内翻，四指并拢并与手掌垂直指向示宽灯位置，如图3-3所示。

④检查近光灯

双臂向前平伸，手掌向下弯曲，四指斜指地面，如图3-4所示。

图3-3　检查前示宽灯　　　　　　图3-4　检查近光灯

⑤检查远光灯

双手向前，双臂向上弯曲，手掌摊开，掌心朝后，如图3-5所示。

⑥检查前雾灯

双手平伸向前，双手握拳，大拇指与四指垂直并指向地面，如图3-6所示。

 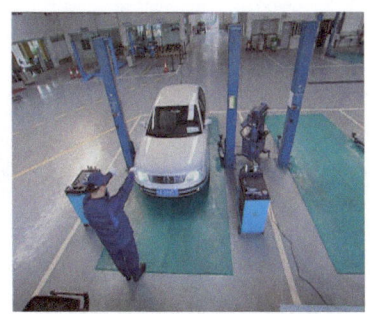

图3-5　检查远光灯　　　　　　图3-6　检查前雾灯

⑦检查转向灯

左前转向：右臂向右侧平伸，手掌向下，四指上下摆动，示意闪烁，如图3-7所示。

右前转向：左臂向左侧平伸，手掌向下，四指上下摆动，示意闪烁，如图3-8所示。

⑧检查前危险报警闪光灯（双闪灯）

两臂向两侧平伸，手掌向下，两手四指上下摆动，示意闪烁，如图3-9所示。

图 3-7　检查左前转向灯

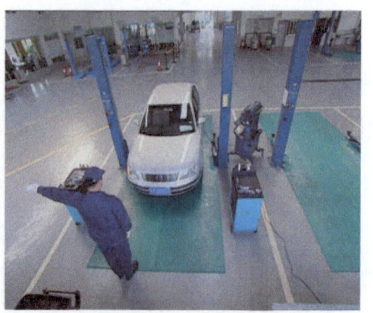
图 3-8　检查右前转向灯

图 3-9　检查危险报警闪光灯

（2）车辆后部灯光检查手势

①检查左后停车灯

左臂向左伸展，左手掌心向内并指向停车灯位置，如图 3-10 所示。

②检查右后停车灯

右臂向右伸展，右手掌心向内并指向停车灯位置，如图 3-11 所示。

③检查后示宽灯

图 3-10　检查左后停车灯

图 3-11　检查右后停车灯

双臂向两侧平伸,手掌内翻,双手四指并拢与手掌呈垂直指向示宽灯位置,如图3-12所示。

④检查倒车灯

双臂向前向上,手掌摊开,四指并拢掌心朝后,如图3-13所示。

图3-12 检查后示宽灯

图3-13 检查倒车灯

⑤检查转向灯

左后转向:左臂向左侧平伸,手掌向下,四指上下摆动,示意闪烁,如图3-14所示。

右后转向:右臂向右侧平伸,手掌向下,四指上下摆动,示意闪烁,如图3-15所示。

图3-14 检查左后转向灯

图3-15 检查右后转向灯

⑥检查制动灯

双手正前方向下呈60°舒展,双手平放,掌心朝下,四指指向车灯处,如图3-16所示。

⑦检查后危险报警闪光灯

两臂向两侧平伸,手掌向下,两手四指向下摆动,示意闪烁,如图3-17所示。

⑧检查后雾灯

双手平伸向前,双手握紧,大拇指与四指垂直并指向地面,如图3-18所示。

⑨检查后牌照灯和倒车雷达

如图3-19所示,使用单手进行测量。

图 3-16　检查制动灯

图 3-17　检查后危险报警闪光灯

图 3-18　检查后雾灯

图 3-19　检查后牌照灯和倒车雷达

三、决策

分组，各小组选出一名负责人，组员按负责人要求完成相关任务，根据任务内容制订车辆外部灯光检查的工作计划，如表 3-1 所示。

表 3-1　决策表

序号	人员	任务
1		
2		
3		
4		
5		

四、计划

根据任务内容制订小组任务计划，简要说明任务实施过程的步骤及注意事项，并

将计划内容等填入表 3-2 中。

表 3-2　计划表

序号	工作步骤	工具／辅具	注意事项	操作人
1				
2				
3				
4				
5				
6				
7				
8				

五、实施

按照计划步骤内容实施，记录实施结果在表 3-3 中。

表 3-3　车辆外部灯光检查项目表

灯光检查

检查项目		检查结果	检查项目		检查结果	检查项目		检查结果
近光灯	左		远光灯	左		侧边转向灯	左	
	右			右			右	
转向灯	左前		示宽灯	左前		雾灯	左前	
	右前			右前			右前	
转向灯	左后		示宽灯	左后		雾灯	左后	
	右后			右后			右后	
倒车灯	左		制动灯	左		高位制动灯		
	右			右		牌照灯		

其他项目检查

检查项目	检查结果			
倒车雷达	探头 A		探头 B	
	探头 C		探头 D	
倒车雷达摄像头（车内观察）				

六、检查

1. 自检

自检结果填入表 3-4 中。

表 3-4 自检表

序号	工作步骤	手势指示标准	操作开关	操作正确
1	前照灯远、近光	是☐ 否☐	前照灯、变光开关	是☐ 否☐
	示宽灯、停车灯	是☐ 否☐	停车灯开关、小灯开关	是☐ 否☐
	雾灯	是☐ 否☐	雾灯开关	是☐ 否☐
	转向灯	是☐ 否☐	组合开关	是☐ 否☐
	危险报警闪光灯	是☐ 否☐	危险报警闪光灯开关	是☐ 否☐
2	后示宽灯、小灯	是☐ 否☐	停车灯开关、小灯开关	是☐ 否☐
	后转向灯、后危险报警闪光灯	是☐ 否☐	转向灯开关、危险报警闪光灯开关	是☐ 否☐
	后雾灯、牌照灯	是☐ 否☐	后雾灯开关	是☐ 否☐
	后制动灯	是☐ 否☐	制动灯开关	是☐ 否☐
	倒车灯、倒车雷达	是☐ 否☐	打开点火开关、挂倒档	是☐ 否☐

2. 互检

互检结果填入表 3-5 中。

表 3-5 互检表

检查内容		手势标准	开关操作标准	备注
车辆外部灯光检查	前部灯光	是☐ 否☐	是☐ 否☐	
	后部灯光	是☐ 否☐	是☐ 否☐	

任务二　车辆内部电器及其他部件的检查

一、任务解析

通过完成本任务，使学生了解车辆内部电器及其他部件的结构、组成及工作原理，掌握车辆内部电器及其他部件检查与保养的步骤与方法，了解汽车保养工人、技师岗位的基本要求。

二、资讯

（一）车辆内部灯光检查

1. 仪表灯及亮度调节

打开灯光组合开关后，仪表盘灯光也会亮起，如图3-20所示。部分现代轿车为了防止仪表灯眩目，影响驾驶人夜间驾驶时的视线，带有防眩目调节开关，如图3-21所示。

 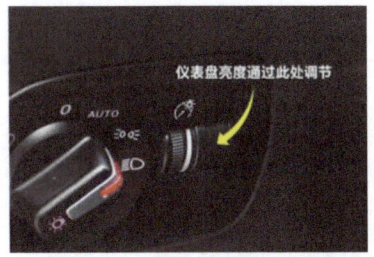

图3-20　仪表盘灯光　　　　图3-21　仪表灯光亮度调节旋钮

2. 检查车内阅读灯

如图3-22所示，打开车内阅读灯开关检查阅读灯，此时车辆四个门应同时处于关闭状态。

将顶灯开至门控灯档，当打开车门时，观察顶灯能否点亮，仪表指示灯是否点亮，门控灯和门控指示灯应同时点亮。

关闭车门，观察顶灯能否正常熄灭，门控灯和门控指示灯应同时熄灭，如图3-23

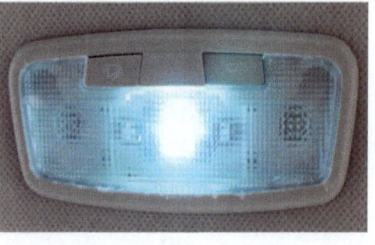

a)　　　　　　　　　　　　　b)

图 3-22　车内阅读灯检查

a）前阅读灯　b）后阅读灯

图 3-23　检查门控灯及门控指示灯

所示。

3. 检查储物盒及行李舱灯光

如图 3-24 及图 3-25 所示，分别打开储物盒及行李舱，检查储物盒照明灯及行李舱照明灯是否正常。

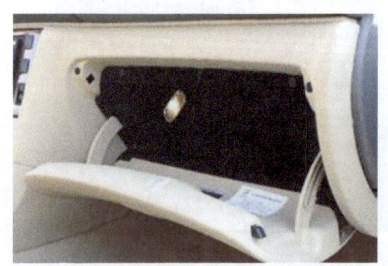
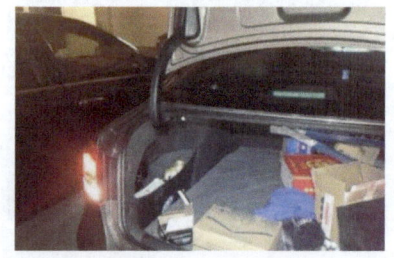

图 3-24　储物盒照明灯　　　　　图 3-25　行李舱照明灯

（二）检查收音机、空调、刮水器及喇叭

1. 检查收音机

打开收音机并对其各个功能键进行操作，查看其是否正常，如图 3-26 所示。

2. 空调系统的保养与维护

如图 3-27 所示，打开空调开关，并对空调系统进行操作，检查其出风模式并用红外温度计或其他温度计检测出风口温度，如图 3-28、图 3-29 所示。

图 3-26　收音机操作面板

图 3-27　空调操作面板

图 3-28　出风口温度检测

图 3-29　不同时间温度对比

（1）日常维护保养　空调系统的日常维护保养主要是通过看、听、摸、测等方法进行检查。

①检查和清洗汽车空调的冷凝器，要求散热片内清洁，片间无堵塞物，如图 3-30 所示。

图 3-30　空调冷凝器

②检查制冷系统制冷剂的量。在汽车空调机组正常工作时，用眼观察储液干燥器顶部的视液镜，若视液镜内没有气泡，仅在增加或降低发动机转速时出现少量的气泡，

这说明制冷剂适量；若不论怎样调节发动机转速，始终看到有混浊状的气泡流动，则说明管路内制冷剂不足，应予补充；若不论怎样调节发动机转速，始终看不到气泡，则说明制冷剂过量。储液干燥器顶部的视液窗如图 3-31 所示。

③检查传动带，压缩机与发动机之间的传动带应张紧，如图 3-32 所示。

图 3-31　储液干燥器顶部的视液镜　　　　图 3-32　压缩机传动带的检查

④用耳听和鼻闻检查汽车空调有无异常响声和异常气味。

⑤用手摸压缩机附近高、低压管有无温差，正常情况下低压管路呈低温状态，高压管路呈高温状态，如图 3-33 所示。

⑥用手摸冷凝器进口和出口处，正常情况下是前者较后者热，如图 3-34 所示。

图 3-33　空调压缩机的检查　　　　图 3-34　冷凝器进出口温度检查

⑦用手摸膨胀阀前后应有明显温差，正常情况是前热后凉，如图 3-35 所示。

⑧检查制冷系统软管外观是否正常，各接头处连接是否牢靠，接头处有无油污，有油污表明有微漏，应进行紧固。

⑨检查制冷系统电路连接是否牢靠，有无断路或脱接现象。

⑩汽车空调系统运行状态是否可靠，也可通过压力计组的指示压力来进行判断。可将压力计组接到压缩机的高、低压管接头上，当系统正常运转时，压力数值在表中显示，如图 3-36 所示。

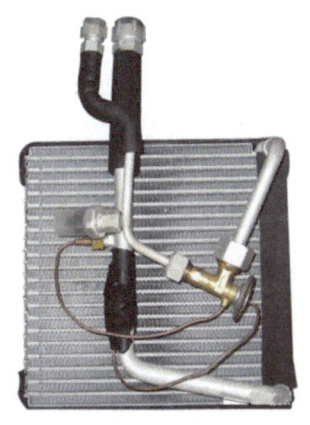 

图 3-35　膨胀阀前后温差检查　　图 3-36　压力计组测量高、低压

（2）定期保养

①压缩机：压缩机在运转情况下，检查其是否有异常响声，如有，说明压缩机的轴承、阀片、活塞环或其他部件有可能损伤或冷冻润滑油过少；检查压缩机的高低压端有无温差；运转中如压缩机有振动，应检查传动带的松紧度，同时还要检查润滑油液面的高度。压缩机外形如图 3-37 所示。

图 3-37　压缩机外形图

②冷凝器、蒸发器：检查两者的清洁状况、通道是否畅通，以保证其能通过最大的通气量。

③膨胀阀：检查其有无堵塞，感温包与蒸发器出口管路是否贴紧；膨胀阀能否根据温度的变化自动调节制冷剂的供给量。

④高、低压管：检查软管有无裂纹、鼓包、老化或破损现象，硬管是否有裂纹或渗漏现象，是否会碰到硬物或运动件，管道螺栓是否紧固。

⑤储液干燥器：检查易熔塞是否熔化，各接头处是否有油迹；正常工作时其表面应无露珠或挂霜现象；每年四、五月份维护期中视需要更换干燥剂或干燥器总成。

⑥电气系统：检查电磁离合器有无打滑现象，低温保护开关在规定的气温下如能

正常起动压缩机则说明其有故障；检查电线连接是否可靠。

⑦高、低压开关：检查高、低压开关，高压开关在压力 2.2MPa 时，应能自动接通声光报警电路并使电磁离合器断电，当压力小于 2MPa 时应能自动复位；低压开关在压力小于 0.2MPa 时，应能自动接通声光报警电路并使电磁离合器断电，当压力大于 0.2MPa 时应能自动复位。

⑧冷凝器和蒸发器风机：检查冷凝器和蒸发器风机工作时有无异常响声，叶片有无破损，螺栓联接是否牢固，电动机轴承有无缺油现象。

3. 检查刮水器及风窗清洗功能

在进行日常检查维护时，检查一下刮水器，既可以延长刮水器寿命又能确保行车安全。

机械检查：

①检查刮臂下端的固定情况，刮臂和由电动机（刮水器分配阀）带动的连杆通常有螺钉固定和齿条压合两种固定方式。检查时若发现松动，应及时固定，以免使用时发生故障。

②检查刮臂和刮片的连接情况。如有损坏或松动，应及时更换。

③检查刮片、橡胶条是否老化、变形或末端龟裂或局部脱落，必要时更换。

④调整刮臂角度，使刮片能直立在风窗玻璃上并完全接触，以保证清除雨水、尘土的效果。

⑤平时检查应注意电路连接情况及各活动部位的润滑，一般不要随便拆卸本体。

⑥在给车辆打蜡时，不要将蜡打到风窗玻璃上，否则刮水器片在玻璃上打滑影响擦拭效果，同时也会发出难听的嘶叫声。

⑦如发现有不正常现象时应及时检查维修。刮水器旧了之后，不仅刮水能力大幅度地下降，而且刮水时会产生吱嘎吱嘎的声响。由于刮水片全套不贵，所以最好每隔一至两年更换一次刮水片全套。

性能检查：

在做此项检查之前，首先检查洗涤器液位，使用液位尺检查洗涤器罐中的洗涤液是否充足，如果无喷洗液，将有可能烧坏洗涤器电动机。

具体步骤如下。

①起动发动机

检查风窗玻璃洗涤器的喷射压力是否足够，与联动刮水器的工作是否协同。

②检查洗涤器的喷射区是否在刮水器的工作范围之内，如果喷射位置不正确，可用别针插入喷孔中，移动喷嘴的角度，将喷嘴的方向调好。

③检查风窗玻璃洗涤器的喷嘴喷射量是否够，如果喷射不够，检查喷嘴是否堵塞，必要时用毛刷和大头针清理针孔。

④前后扳动刮水器开关，检查刮水器各个档位是否正常，如图 3-38 所示，分别检查 HI 快速档、LO 慢速档、INT 间歇档、1× 档和 MIST 去雾档。并且当刮水器的开关关闭时刮水器应能自动回到停止位置。

图 3-38　刮水器档位选择

4. 喇叭及点烟器检查

（1）喇叭的检测　喇叭鸣声不好的原因主要是接触不良，应分别从以下几点进行检查。

①检查喇叭的鸣声。按下转向盘上的喇叭开关，并注意听喇叭声响，是否正常。喇叭开关位置如图 3-39 所示。如果感到汽车喇叭的鸣声不清脆，低沉而弱，大都是接点的接触不好。

图 3-39　喇叭开关

②反复地按动喇叭的开关，如果喇叭有时鸣响，有时不鸣响，大都是按动开关内部的接点接触不好。

③左右转动转向盘，如果有较大的嘶嘶摩擦声，可以把转向柱的上盖拆下来，向接点部位喷射润滑脂，这样能减轻嘶嘶的摩擦声，也能改善喇叭的响应性。

④如果喇叭完全不鸣响，很可能是熔断器被烧断了，检查相关的熔断器。也可能是喇叭的电源线有问题，找到喇叭的电源线，把电源线的接线插头拆装一次，检查是否有接触不良。

⑤如果喇叭的鸣声沉闷，很可能是喇叭自身有故障，这时只要敲一敲喇叭，大都能得到改善。

（2）点烟器的检测　　点烟器是汽车上的一项标准配置，主要任务是为驾驶人提供方便。目前点烟器的用途已不仅仅是点烟那么简单，其为车主的用车生活也带来了极大的方便，如图3-40所示。但是如果车主在使用过程中忽视点烟器电路的承受能力，使车辆电路吃不消，便会给车辆埋下自燃的隐患。

图3-40　点烟器外观图

点烟器在使用过程中，要注意如下几点：

①避免异物进入点烟器插孔。

在日常生活中，我们经常能够发现车主让点烟器插孔（图3-41）直接裸露，这样做可能会令点烟器失效，甚至会有安全隐患。如有异物掉进插孔，异物将插孔内的正极和负极相连，可能会导致点烟器短路，烧掉熔丝。最严重的后果是令电路异常发热，埋下自燃的隐患。所以在不使用这个插孔的时候，应该将点烟器（图3-42）插回去。

图3-41　点烟器插孔

图3-42　点烟器插头

点烟器对应的熔断器通常在转向盘下方的护板内，打开护板后，对照车辆说明书，将点烟器熔断器找到。如图3-43所示，图中圆圈处为点烟器熔断器的位置。

②如果经常用来点烟，需留意卡簧是否变形。

当点烟器的电热丝达到温度烧红后，卡簧会受到高温的影响而变形，将点烟器弹出。因为点烟器使用频率高，所以经常出现按下之后不能被插孔卡住，无法加热的现象。如图3-44所示。如果点烟器出现按下之后无法卡住的情况，就要留意点烟器插孔卡簧是否出现松开的情况。只要及时调整卡簧松紧，点烟器就能持续正常地工作。

③避免电器过载及熄火取点。

④小心使用多孔分流点烟器插座。

⑤如果点烟器没有完全卡住，实际上也存在着很大的危险，遇到紧急情况时有可能弹出伤害车内人员，正确的做法是当不使用点烟器时，一定将其完全插入插孔，如图 3-45 所示。

图 3-43　点烟器熔断器位置图

图 3-44　点烟器未完全卡住

图 3-45　点烟器完全卡住

三、决策

分组，各小组选出一名负责人，组员按负责人要求完成相关任务，根据任务内容制订车辆内部电器及其他部件检查的工作计划，如表 3-6 所示。

表 3-6　决策表

序号	人员	任务
1		
2		
3		
4		
5		

四、计划

根据任务内容制订小组任务计划，简要说明任务实施过程的步骤及注意事项，并将计划内容等填入表 3-7 中。

表 3-7　计划表

序号	工作步骤	工具/辅具	注意事项	操作人
1				
2				
3				
4				
5				
6				
7				
8				

五、实施

按照计划步骤内容实施，记录实施结果在表 3-8 中。

表 3-8　车辆内部电器及其他部件检查

车辆内部电器及其他部件检查						
检查项目	检查结果	检查项目	检查结果		检查项目	检查结果
仪表灯光亮度调节	损坏□　正常□	车顶阅读灯	前	损坏□　正常□	储物盒灯光	损坏□　正常□
			后	损坏□　正常□	行李舱灯光	损坏□　正常□
其他项目检查						
检查项目		检查结果				
空调系统	出风口模式			循环模式	损坏□	正常□
	出风口温度			电磁离合器	损坏□	正常□
CD 机/收音机	CD 机/磁带	损坏□　正常□		音量调节	损坏□	正常□
	收音机	损坏□　正常□		其他按键	损坏□	正常□
刮水器	档位检查	损坏□　正常□		喷水功能	损坏□	正常□
喇叭	高音	损坏□　正常□		低音	损坏□	正常□

六、检查

1. 自检

自检结果填入表 3-9 中。

表 3-9　自检表

序号	项目	结果
1	车内阅读灯是否点亮	是☐　否☐
2	收音机频道、音量可调	是☐　否☐
3	行李舱灯点亮	是☐　否☐
4	刮水器各档位能否正常使用	是☐　否☐
5	高低音喇叭是否正常	是☐　否☐

2. 互检

互检结果填入表 3-10 中。

表 3-10　互检表

序号	项目	结果
1	实训车辆是否恢复	是☐　否☐
2	实训工位是否清洁	是☐　否☐
3	实训工具是否缺损	是☐　否☐

3. 终检

终检结果填入表 3-11 中。

表 3-11　终检表

检查内容		检查结果
车内用电器检查	刮水器	损坏☐　正常☐
	空调系统	损坏☐　正常☐
	收音机	损坏☐　正常☐
	喇叭	损坏☐　正常☐

七、评估应用

对照项目确认表 3-12 中的项目内容，检查评估车辆内部电器及其他部件检查工作项目，并根据实际操作内容完成车辆内部电器及其他部件检查评估表 3-12 的填写。

表3-12 车辆内部电器及其他部件检查评估表

序号	问题	可能原因	后果	避免措施
1	检查完毕后没有及时回位	车辆用电器还在运行中	车辆用电器不能及时断电,造成蓄电池亏电	熟悉开关操作功能,注意车辆电器设备及时复位
2	收音机频道没有调回原位	检查时没有记录收音机频道	维修保养后无法复位	
3	起动车辆时注意人员安全	检查空调系统时起动车辆,没有及时提醒车外人员	人员受伤	操作时及时关注人员安全
4	卫生问题			
5	团队合作			

项目四

车辆油液的检查与更换

➔ 项目导入

　　一辆全新捷达轿车，使用半年，行驶 30 000km。车主按照保养手册说明，将车辆驶入到 4S 店，对车辆进行 25 000km 保养。

- 车　　型：捷达，EA211 发动机。
- 年　　款：2015 年 2 月。
- 行驶里程：30 000km。
- 变 速 器：手动。

➔ 学习内容

- 检查更换发动机润滑油（机油）、机油滤清器及汽油滤清器。
- 检查更换变速器齿轮油与转向助力液。
- 检查更换制动液。
- 检查更换发动机冷却液。

➔ 学习目标

- 能够明确汽车油液检查与更换的技术要求。
- 能够熟练按照项目操作规范和操作步骤完成各项目的检查操作。
- 能够熟练掌握机油、齿轮油、转向助力液、制动液、冷却液的检测方法。
- 能够根据检查结果有针对性地进行油品的更换。

项目实施

任务一　检查更换发动机润滑油（机油）、机油滤清器及燃油滤清器

一、任务解析

通过完成本任务，使学生了解发动机润滑系统的组成与功用，掌握润滑油的种类与选用鉴别润滑油等级的方法和加注润滑油的方法，了解如何检查发动机内所剩润滑油的油品，了解机油滤清器和燃油滤清器的安装位置，掌握轿车润滑油的检查和更换方法，了解汽车保养工人、技师岗位的基本要求。

二、资讯 1

1. 发动机润滑系统的组成与功用

发动机润滑油也称作机油。现代汽车发动机润滑系统主要由机油泵、机油集滤器、机油压力调节器、机油滤清器、机油散热器、油底壳、机油喷嘴等部件组成。发动机润滑油便在这些部件之间流动，其流经路线为：

第一条路径：油底壳→机油集滤器→机油泵→机油压力调节器→机油滤清器→主油道→曲轴主轴径→油底壳；

第二条路径：油底壳→机油集滤器→机油泵→机油压力调节器→机油滤清器→主油道→机油喷嘴→油底壳；

第三条路径：油底壳→机油集滤器→机油泵→机油压力调节器→机油滤清器→主油道→气缸盖→气门挺柱/凸轮轴轴瓦轴承→油底壳。

发动机润滑系统起到为发动机各运动部件之间做润滑、冷却、清洗、防腐防锈、密封、力传导、缓冲减压的作用。发动机润滑系统构造图如图 4-1 所示。

2. 润滑油（机油）的种类与选用

发动机润滑油，也简称为机油，英文名为 Engine Oil，密度约为 0.91×10^3 kg/m³。如果说发动机是汽车的心脏，那么润滑油可以说就是汽车的"血液"。汽车发动机

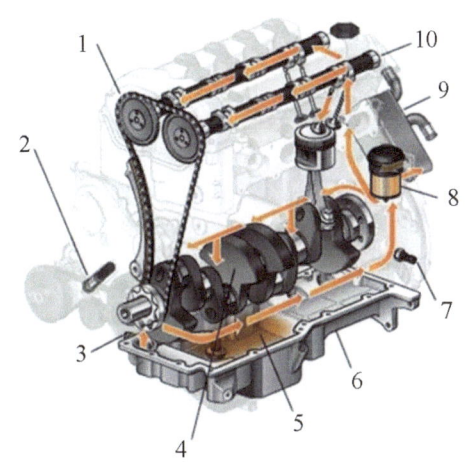

图 4-1 发动机润滑系统构造图

1—正时链条 2—机油泄压阀 3—放油螺钉 4—曲轴 5—发动机润滑油
6—油底壳 7—油压传感器 8—机油滤清器 9—汽油冷却器 10—凸轮轴

内有许多相互摩擦运动的金属表面,这些部件运动速度快、环境差,工作温度可达400~600℃。在这样恶劣的工况下,只有符合一定标准的润滑油才可降低发动机机件的磨损,延长使用寿命。由于润滑油的工作环境恶劣,所以润滑油需要具有一定的黏温性、抗氧化性、抗泡性、抗乳化性、抗剪切性、相容性等。因此,发动机润滑油内部添加有一定的抗氧化剂、抗泡剂和有机溶剂等。同时由于各车型工作情况的不同,发动机工作温度也不同,因此润滑油的选用尤为重要。如果错加润滑油就会引起发动机各运动部件的异常磨损,严重的会导致发动机报废。一般来说,各车型的生产厂家会在《用户手册》中标明该车型所选用什么等级的润滑油。

(1)润滑油的分类 润滑油因其基础油不同可大致分为矿物油与合成油两种。合成油中又可分为半合成油和全合成油。全合成油自然就是最高等级的润滑油。润滑油由基础油和添加剂两部分组成。基础油是润滑油的主要成分,决定着润滑油的基本性质,添加剂则可以弥补与改善基础油在某些性能方面的不足,赋予润滑油某些新的性能,是润滑油的重要组成部分。

发动机润滑油,即机油的常见的分类标准有两种,它们分别是 SAE(美国机动车工程师学会)和 API(美国石油协会)的标准。SAE 是以机油的黏度为分类基准,而 API 则是以机油的性能为分类基准。其各自的商标 LOGO 如图 4-2 所示。

1)SAE 标准。SAE 标准规定用在 -18℃所测定的动力黏度来对冬用的机油分类,共有 0W、5W、10W、15W、20W、25W 六个级别,级别越高,最低操作温度越高。表 4-1 列出了几个级别对应的最低操作温度;春秋和夏季用机油则按 100℃测得的运动黏度来分类,有 20、30、40、50、60 五个等级,等级越高,黏度越大。对于 -18℃和 99℃所

a)　　　　　　　　b)

图 4-2　美国两大机构的 LOGO

a）美国机动车工程师学会　b）美国石油协会

测得的黏度值只能满足其一的成为单级油，能满足两个方面的黏度要求的成为多级油，如 10W/40。可根据驾驶习惯、所处环境和车辆功能等因素选取润滑油。

表 4-1　部分推荐的机油最低操作温度

SAT 黏度级号	5W	5W/30	10W	10W/40	20W	20W/50
最低操作温度 /℃	-32	-32	-23	-23	-12	-12

2）API 质量分类法。API 分类将机油分为汽油机系列（S 系列）和柴油机系列（C 系列），其中 S 系列有 SA、SB、SC、SD、SF、SE 等几个等级；C 系列有 CA、CB、CC、CD 等几个等级，标号越靠后质量越高，但一般选择的时候要依照具体情况而定。

要注意的是：不同厂商生产的机油不可混合，不同级别的机油也不可混合。

（2）机油的包装　机油的盛装规格也有所不同，以美孚润滑油为例，就有多种规格的润滑油包装，有 1L 装、4L 装、18L 装和 208L 大桶装，铁桶可回收重复使用，如图 4-3 所示。

图 4-3　机油包装规格

其他一些国际上知名的大品牌机油也是如此。1L 装和 4L 装的机油是目前在市面上和 4S 店内常见的，而大型桶装机油则不常见，这其中的原因有很多。

首先，从使用车型上，私家车一般都用的是小规格包装的机油，这样比较方便购买，同时方便携带，但缺点是无法根据自己的车型定量购买。举个例子，一辆大众的2.0T涡轮增压型发动机的正常机油的用量是4.5L，而4S店提供的只能是1L或4L装的机油，没有单独4.5L装机油，那么就只能购买一个1L和一个4L装的机油，这样我们的机油在添加过后仍有0.5L的剩余，有些人就将剩余的机油丢掉不要了，再或者有些人将剩下的机油保存起来，留着下次添加时继续使用，原则上这样没有什么不对，但是机油是有保质期的，如果恰巧您所购买的机油就在保质期时间边缘，那么当下一次添加机油时，上次所剩下的机油很可能就已经过期了，即使没有过期，这样的机油由于与空气有接触仍不能保证其质量的完好，结果是造成资源的浪费。

其次，对于一些农业机械或者工程车辆来说，由于车体比较庞大，为了保证车辆的动力性和满足输出功率的需要，发动机体积也就随之变得十分庞大，因此需要机油的用量也就增加很多。对于这样的车辆，如果添加机油仍采用1L或者4L的小规格包装那就显得繁琐而笨重了，因此，这样的车辆添加的机油一般都采用中等规格包装，18L或20L包装规格的机油就是为这些车辆所设计灌装的。

最后，还有一种情况就是大规格铁桶包装的机油，这种形式多是提供给汽车生产厂家作为新车出厂使用。而在汽车生产厂家内会建有一个大型的机油存储罐，大批量的采购这样的大桶装机油一次性灌入存储罐内，以流水线的方式给新车进行添加机油。从这方面来看，主要是为了降低运输成本，大桶还可以进行回收再灌装，总体来说要比小桶装在包装成本上有一定的优势。

但是，大桶装的机油不仅有这一种用途，它仍然也可以为私家车提供换油服务，这就涉及了目前最热门的话题——环保和经济了。

随着技术的不断革新以及制造和度量器械加工技术的不断提高，大桶灌装机油已经逐渐进入大众的消费视野，究其原因就是既经济实惠又可以环保，节省能源消耗和材料浪费。

目前北京、上海、广州、深圳等一线城市已经有很多高端品牌4S店采用大桶灌装机油为顾客提供服务，甚至在逐渐地降低小规格包装机油的订单量，究其原因也是成本的问题。大桶包装的机油在售价和运输成本上都要比小规格包装的机油便宜很多，因此受到4S店的青睐，同时质量也一样能够得到保障。表4-2和表4-3是以嘉实多机油为例在价格和兑换数量方面进行对比。

表4-2　大桶装机油与4S店小桶装机油价格对比

机油型号	4S店小规格包装价格（元/L）	市场桶装价格（元/L）
嘉实多5W-30	125	95
嘉实多0W-30	138	100

表 4-3　大桶装机油与小桶装机油在数量上的差异

大桶容量	小桶容量	兑换比例
208L	4L	52 桶
208L	1L	208 桶

当然，这种大桶装的机油的存放是一个问题，因此一般都是大型修配厂或者 4S 店在使用这种类型的机油。油液的加注和提取是需要专用工具进行的，图 4-4、图 4-5 所示为加注机油的专用设备和工具。

图 4-4　专用供油设备

图 4-5　计量表

3. 发动机机油系统的检查

（1）检查机油存储量情况　首先拔出机油标尺，然后快速将机油标尺放平，观察机油标尺上的机油是否在刻度线范围中间位置。如果没有达到最小刻度线位置，说明发动机内机油含量不足，如果只是接近最低刻度线，说明机油含量偏低，应当适当补充机油至机油标尺最大与最小刻度线中间位置方可。如果机油量超出最大加注刻度线则应适当释放部分机油，直至达到最大与最小刻度线中间位置方可，如图 4-6 所示。

（2）检查机油品质情况

1）新机油的检查。新机油的检查要观察机油的颜色和气味。进口机油的颜色为金黄略带蓝色，晶莹透明，油桶制造精致，图案字码的边缘清晰、整齐，无漏色和重叠现象，否则为假货。国产正牌散装机油多为浅蓝色，具有明亮的光泽，流动均匀。凡是颜色不均、流动时带有异色线条的均为伪劣或变质机油，若使用此类机油，将严重损害发动机。

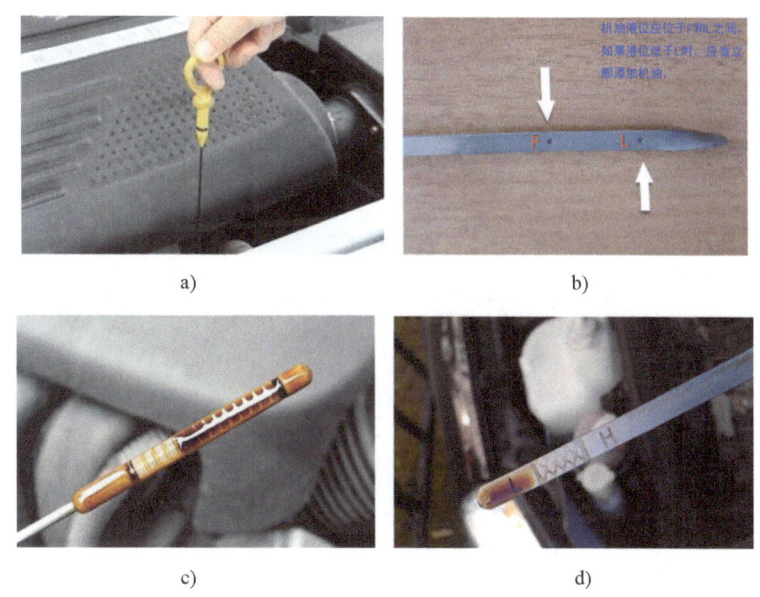

图 4-6 机油标尺刻度含义

a）拔出机油标尺　b）观察刻度位置　c）机油量正常　d）机油量未达到最低刻度线

合格的机油应无特别的气味，只略带芳香。凡是对嗅觉刺激大且有异味的机油均为变质或劣质机油，绝对不可使用。如图 4-7 所示为真假机油对比照片：正品机油在经过滤芯后色泽洁净无杂质，假机油在经过滤芯之后机油仍比较脏，杂质多；发动机内打开来看的话，使用纯正机油的发动机内部是干净清洁的，而使用假冒机油的发动机内部油泥多，环境脏污。图 4-8 所示为如何分辨真假机油，真油色浅透明；假油或颜色较深，或有杂质沉淀物。

2）使用过程中机油的检查。鉴别使用过程中机油的质量，是确定是否需要更换机油的依据。在使用过程中机油的鉴别应该注意以下四个方面的检查：

油滴检查：在白纸上滴一滴油底壳中的机油，若油滴中心黑点很大，呈黑褐色且均匀无颗粒，周围黄色浸润很小，说明机油变质应更换。若油滴中心黑点小而且颜色较浅，周围的黄色浸润痕迹较大，表明机油还可以使用。

搓捻鉴别：取出油底壳中的少许机油，放在手指上搓捻。搓捻时，如有黏稠感觉，并有拉丝现象，说明机油未变质，仍可继续使用，否则应更换。

油尺鉴别：抽出机油标尺对着光亮处观察刻度线是否清晰，当透过机油标尺上的机油看不清刻度线时，则说明机油过脏，需立即更换。

倾倒鉴别：取油底壳中的少量机油注入一容器内，然后从容器中慢慢倒出，观察油流的光泽和黏度。若油流能保持细长且均匀，仍可继续使用，否则应更换。

以上检查均应在发动机停机后机油还未沉淀时进行，否则有可能得不到正确结论。

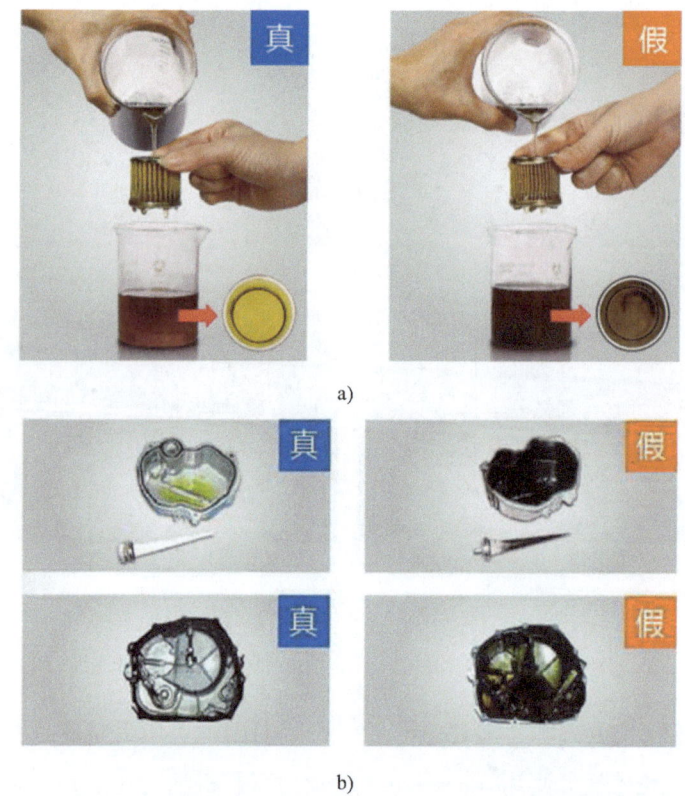

图 4-7 真假机油对比照片

a）真假机油杂质对比　b）真假机油在发动机体内部对比

图 4-8 真假机油的分辨

因为机油沉淀后，浮在上面的往往是好的机油，这样检查的只是表面现象，而变质机油或杂质存留在油底壳的底部，从而可能造成误检，得出无效的检测结果。

图 4-9 为使用 3 个月后的机油对比照片，从照片不难看出，机油在发动机内的工作环境是十分恶劣的。

3）检查发动机底部是否有渗漏情况。首先举升车辆，到达合适位置后，从下方观

图 4-9　用过之后的机油对比照片

察发动机底部是否有渗漏情况，主要检查油底壳放油螺栓处和油底壳与机体连接处的油底壳橡胶垫是否有漏油或渗漏情况。如图 4-10、图 4-11 所示。

a)　　　　　　　　　　　　　　　b)

图 4-10　发动机底部渗漏情况

a）发动机油底壳漏油　b）放油螺栓滑脱

a)　　　　　　　　　　　　　　　b)

图 4-11　发动机底部放油螺栓滑脱情况

a）油底壳放油螺栓渗漏　b）油底壳密封圈渗漏

4. 发动机机油的更换

发动机机油的更换遵循以下五个步骤：

①根据车型选用质量级别和黏度级别合适的机油。

②选用正规厂家生产的优质的机油滤芯，防止因滤芯质量问题造成的油路阻塞、

压力不足或过滤效果差而影响润滑效果。

③换油时要在发动机处于正常工作温度时关闭发动机,拧开加油口盖,举升车辆到合适高度,拆下油底壳上的放油螺栓放出旧油,旧的机油用专用回收桶回收存放;检查放油螺栓的螺纹和油底壳的螺纹情况,如有滑脱情况(图4-11)应更换相应部件;拧紧放油螺栓后,将举升机回落至地面,然后用专用工具拧下旧滤清器,有条件时应对发动机进行清洗以便彻底清洗掉发动机内的油泥和胶质。

④更换新滤芯时要检查滤芯密封圈是否完好,如发现有变形、破损等情况要及时更换;装配滤芯时应将滤芯内灌满干净的润滑油,并将密封圈上涂抹润滑油,以防止在安装时造成损坏。

⑤机油滤芯装好后,按要求往发动机曲轴箱内加注一定量的新机油,油面应在机油尺上下刻线之间,装好油尺、拧紧加油口盖,起动发动机快速转动几分钟,检查油压是否正常、有无漏油现象,如有异常应及时停机检查排除。机油切不可加得过多或过少,过多会造成机油消耗过快,发动机运转阻力增加,燃油消耗增加;过少会造成油压太低、润滑不良等后果。

⑥清除仪表盘上的保养提示信息。

三、资讯2

1. 机油滤清器

机油滤清器,俗称机油格,用于去除机油中的灰尘、金属颗粒、碳沉淀物和煤烟颗粒等杂质,以保护发动机。机油滤清器有全流式与分流式之分。全流式滤清器串联于机油泵和主油道之间,因此能滤清进入主油道的全部机油。分流式滤清器与主油道并联,仅过滤机油泵送出的部分机油。图4-12为机油滤清器滤芯。

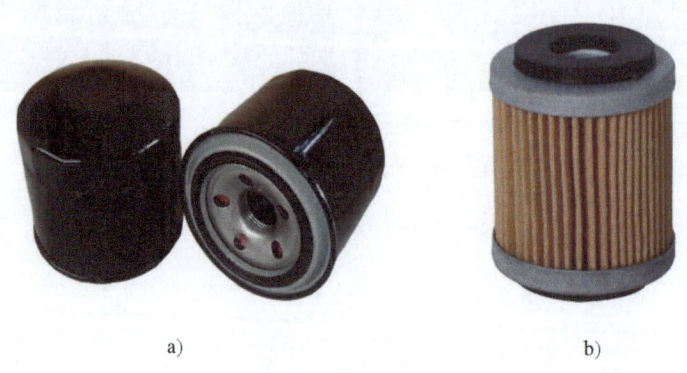

a)

b)

图4-12 机油滤清器

a)机油滤清器 b)机油滤芯

发动机工作过程中，金属磨屑、尘土、高温下被氧化的积炭和胶状沉淀物、水等不断混入机油，机油滤清器的作用就是滤掉这些机械杂质和胶质，保持机油的清洁，延长其使用期限。机油滤清器应具有滤清能力强、流通阻力小及使用寿命长等性能。一般润滑系中装用几个不同滤清能力的滤清器——集滤器、粗滤器和细滤器，分别并联或串联在主油道中。其中粗滤器串联在主油道中，为全流式；细滤器并联在主油道中，为分流式。 现代轿车发动机上普遍只设有集滤器和一个全流式机油滤清器。粗滤器滤除机油中粒径为0.05mm以上的杂质，细滤器则用来滤除粒径为0.001mm以上的细小杂质。

（1）组成及工作原理　机油滤清器的主要部件由滤纸、橡胶密封圈、回流抑制阀、溢流阀组成。

滤纸：机油滤清器对滤纸的要求比空气滤清器更高，主要因为机油的温度变化从0~300℃不等，在剧烈的温度骤变下，机油的浓度也发生相应改变，这会影响到机油的过滤流量。优质机油滤清器的滤纸要能够在剧烈的温度变化下过滤杂质，同时又保证足够流量。

橡胶密封圈：优质机油滤清器的密封圈是用特殊橡胶合成的，保证100%不漏油。

回流抑制阀：只有优质机油滤清器中才具备。当发动机熄火时，它能防止机油滤清器变干；当发动机重新点火时，它立即产生压力，供给机油润滑发动机（也称为单向阀）。

溢流阀：只有优质机油滤清器中才具备。当外部温度降低到某一特定值或当机油滤清器超出正常使用期限时，溢流阀会在特殊压力作用下打开，让未经过滤的机油直接流进发动机。尽管如此一来，机油中的杂质会一同进入发动机，但比起发动机中没有机油而造成的损伤而言，这样的损伤要小得多。因此溢流阀是在紧急情况下保护发动机的关键（也称为旁通阀）。

（2）技术要求　我们从过滤精度、机油流量、工作环境以及油压四个方面对机油滤清器做如下要求：

1）过滤精度为能滤出所有大于30μm的颗粒，减少进入润滑间隙并引起磨损的颗粒（3~30μm）。过滤精度符合保护发动机、减少磨损的要求。

2）机油流量符合发动机的机油需求量。

3）容灰量大，适合恶劣环境，能适应较高的机油温度和腐蚀环境。

4）过滤机油时压差越低越好，以保证使机油能通过顺畅。

（3）作用及其特点　一般情况下，发动机内各个零部件是经过机油的润滑来实现正常工作的，但是零部件运转时所产生的金属碎屑、进入的尘土、高温下被氧化的积炭以及部分水汽会不断地混入机油中，时间长了机油的使用寿命会被减少，严重时有可能影响发动机正常运转。

因此，这个时候机油滤清器的作用就体现出来了。简单地说，机油滤清器的作用主要是过滤机油中绝大部分杂质，保持机油的清洁，延长其正常使用寿命。另外，机油滤清器还应该具有过滤能力强、流通阻力小、使用寿命长等性能。

即使这样机油滤清器仍存在一定缺陷。

首先，由于现在的机油滤清器是依靠单一纸滤芯孔拦截、过滤出机油中有害杂质的，其滤纸的微孔越小过滤效果就越好，但机油通过能力就越差。为了解决在同一滤纸微孔上既能滤除最小颗粒的杂质，又能使供给发动机足够量的机油也能由此微孔通过这一矛盾，经国家内燃机工业协会滤清器分会采用机油滤清器滤清效率ISO4548国际标准测试方法测试表明，即使是市场上最好的机油滤清器，也只能设计到滤除机油中60%杂质的能力，这是经过千百次实验后得出的最大过滤值。在实际使用中，还有40%的有害杂质不能被纸滤芯有效滤除，在这40%杂质中，由于铁磁性杂质相对细小而坚硬，所以以铁磁性杂质居多，它对发动机损害也就最大。

其次，现有的机油滤清器，在纸滤芯的底部都设有旁通阀，这是为了发动机在冷起动机时油黏度大或纸滤芯被部分堵塞或全部堵塞时，保证机油能顺利循环回发动机而设计的直接油流通道。当机油在油泵的压力下打开旁通阀时，经旁通阀循环回发动机的机油不但得不到纸滤芯的过滤，而且还会将原已被纸滤芯过滤出来的大颗粒杂质，经旁通阀重新冲回到发动机中，给发动机带来不间断的二次磨损。因此市面上使用的机油滤清器，在特殊条件下根本起不到过滤作用，所以此时的滤清效率为零。

由上述两个缺点可见，现有的机油滤清器，对大于或小于其纸滤芯微孔的杂质都起不到永久的过滤作用，只能对那些相等于纸滤芯微孔并镶嵌到纸滤芯微孔中的杂质起到永久的滤除作用，因此滤清效率极低。所以目前市面上出现了很多新型的带有强磁特性的机油滤清器。

（4）更换方法及周期

1）排干或吸干旧的机油。

2）拧松固定螺钉，卸下旧机油滤清器。

3）在新机油滤清器的密封圈上抹一层机油。

4）安装新机油滤清器并旋紧固定螺钉。

根据具体行车环境，建议5 000~10 000km更换机油滤清器一次。目前家用轿车以及商务用车的机油滤清器的更换是随着发动机机油更换同时进行的。

（5）机油滤清器的检查

1）检查滤芯的使用情况，图4-13所示是新、旧机油滤芯的对比。

图 4-13 新、旧机油滤芯的对比

①检查滤芯是否有脏污。

②检查滤纸是否有变形、褶皱或破损等情况。

2）检查机油滤清器是否有破损或渗漏情况，如图 4-14 所示。

a) b)

图 4-14 机油滤清器破损变形

a）机油滤清器底座破损 b）机油滤清器外壳破损

①检查机油滤清器表面是否有变形、破裂等情况。

②检查机油滤清器安装螺纹处是否有缝隙产生，检查机油滤清器密封胶圈是否破损。

2. 汽油滤清器

汽油滤清器简称汽滤。早期的汽油滤清器有化油器式和电喷式之分，使用化油器的汽油发动机，汽油滤清器位于输油泵进口一侧，工作压力较小，一般采用尼龙外壳，目前已被淘汰。电喷式发动机的汽油滤清器位于输油泵的出口一侧，工作压力较高，通常采用金属外壳。汽油滤清器的滤芯多采用滤纸，也有使用尼龙布、高分子材料的汽油滤清器，主要功能是滤除汽油中的杂质，如果汽油滤清器过脏或堵塞。随着汽车工业的不断发展，目前有很多车型的汽油滤清器已经和汽油泵制成一体放置在油箱当中。汽油滤清器实物和剖视展示如图 4-15 所示。

图 4-15 汽油滤清器实物图

a) 汽油滤清器实物　b) 汽油滤清器剖视图

（1）功能与作用　汽油滤清器主要功能是滤除汽油中的杂质。如果汽油滤清器过脏或堵塞，主要表现为：加油时，动力来得较慢，或起不来；汽车起动困难，有时候要点火 2~5 次方可起动车辆。多数发动机上装的都是一次性不可拆洗式的纸质滤芯汽油滤清器，更换周期一般为 15 000km，如果加的汽油杂质少，20 000~30 000km 更换一个也问题不大。滤清器有进出油口箭头标记，更换时切勿装反。

电喷车需要燃油清洁度较高，因为哪怕是极微小的杂质也会磨损电喷系统中的精密零部件。因此电喷车需要专用的汽油滤清器，它过滤燃油中的杂质，避免它们进入喷射阀和冷启动阀。汽油滤清器是组成电喷系统的重要零部件，只有原厂配套或超出配套品质的汽油滤清器才能提供电喷系统要求的清洁燃油，从而使发动机性能达到最优化，同时也给发动机提供了最佳保护。

汽油对于汽车的重要性就如同食物对于人体的重要性一样，没有汽油的供应，车辆寸步难行。另外，在汽油油品方面，如果油品不是很好、汽油内所含的杂质比较多，都会对发动机内的喷油器、燃油泵、燃油管路等部件造成损害，从而影响燃油系统的正常工作。因此在这个时候，汽油滤清器的作用就完全体现出来了。简单地说，汽油滤清器的作用就是把含在汽油中的氧化铁、粉尘等固体杂质或是水过滤掉，一方面可以减少喷油嘴被杂质堵住的概率，另一方面也可以保证流入燃油系统的汽油油质。

（2）组成与工作原理　普通的汽油滤清器由滤清器盖、支撑弹簧、支撑管、滤芯、外壳以及进出油口组成。

汽油滤清器的作用是将汽油中的水分和杂质滤除。发动机工作时，燃油在汽油泵的作用下，经过进油管进入滤清器的沉淀杯中。由于此时容积变大，流速变小，比油重的水及杂质颗粒便沉淀于杯的底部，轻的杂质随燃油流向滤芯，而清洁的燃油从滤芯的微孔渗入滤芯的内部，然后经油管流出。组成如图 4-16 所示。

滤芯有多孔陶瓷和纸质的两种。纸质滤芯由经树脂处理过的微孔滤纸制成，滤清效率高，成本低廉，更换方便，因此得到广泛应用。

（3）分类与技术特点　按照其滤纸不同，汽油滤清器可分为海螺旋式滤纸汽油滤清器和线式滤纸汽油滤清器两种。

海螺旋式滤纸汽油滤清器，折叠的滤纸和塑料或金属滤器的两端连接，污油进入后，由滤清器外壁经过层层滤纸过滤后到达中心，洁净的燃油流出。和线式汽油滤清器不同，它的滤纸是包裹在中心管上的。污油进入后，直接经滤纸过滤后流出。杂质颗粒被滞留在滤纸沟槽内。这种汽油滤清器的性能更卓越，应用于中高档轿车。

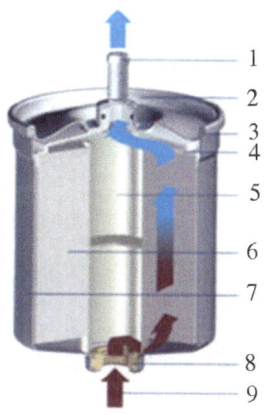

图4-16　汽油滤清器组成

1—清油出口　2—滤清器盖
3—双层咬口　4—支撑弹簧
5—支撑管　6—滤纸
7—镀钢外壳　8—螺纹接口
9—污油进口

（4）更换方法

第一步，要在更换之前做好准备工作，首先要准备适合原车的汽油滤清器型号，辅助工具基本上要用到接油杯、密封红胶、油管卡箍、钳子、螺钉旋具等。注意身上不能穿化纤衣服，以防静电的放电火花；最好在手腕上绑条接地的地线，这样可以防止静电。

第二步，由于燃油系统内有压力存在，为避免在拆卸滤清器时发生喷油或起火事故，需在断开燃油管路前释放燃油系统中的压力。更换汽油滤清器最好选在次日早晨（处于冷车状态下）进行比较好，因为此时燃油系统中油压小，拆卸滤清器时流出来的汽油较少；或者更换前直接通过起动发动机对燃油系统泄压。

第三步，先要找到汽油滤清器位置，之后就要将汽油滤清器从安装支架上拔下来。将接油杯放在油管下方，并用钳子拆掉原来两边的一次性管箍。

第四步，将汽油滤清器的进油口处的管子拔下，这时管内的燃油会溢出来，将里面的油引入杯子中。当流量小后，要套上管箍并尽快把新滤清器的进油口接上，另一端接口暂时堵上（安装汽油滤清器时，要分清进油口和出油口，一般出油口在滤清器上部，进油口在滤清器下部，在滤清器上用箭头表示汽油流动方向）。同时旧滤清器的进油口也要堵上。

第五步，将旧滤清器的另一端拔下，接入新滤清器上。并用螺钉旋具拧紧管箍，防止漏油。再把换好的汽油滤清器安装回原位。

第六步，起动汽车并怠速一段时间，看看汽油滤清器接口部位有没有漏油等现象，若没有则表明安装良好，就可以上路行驶了。

若发现滤清器软管出现由泥尘、机油等污垢造成的老化或裂痕时，需要及时更换该软管，以保证行车安全。

大部分中高档轿车的汽油滤清器目前已经和汽油泵集成在一起了，因此对于这样的车辆更换汽油滤清器时第一步是要找到车辆汽油泵的安装位置，拆卸汽油泵后再进行更换汽油滤清器，一般此类车型的汽油滤清器更换周期较长，大约每60 000km才更换一次。

（5）注意事项

1）一般建议每行驶15 000km更换一次汽油滤清器。对于汽油滤和汽油泵一体的车辆可以每60 000km更换一次汽油滤清器。

2）更换汽油滤清器或者对燃油系统进行养护时，严禁吸烟和使用明火。

3）如果在养护操作过程中需要使用照明灯，则一定要确保所使用的照明灯是符合职业安全标准的。

4）更换汽油滤清器必须在发动机冷机状态下进行，因为发动机热机时从排气管排出的高温废气也能够把汽油点燃。

5）在更换汽油滤清器之前，应该按照汽车制造商指定的操作规程释放燃油系统中的压力。

6）劣质汽油滤清器往往导致供油不畅，汽车动力不足甚至熄火。杂质没有过滤，时间长了，油路和燃油喷射系统也会腐蚀受损。

四、决策

分组，各小组选出一名负责人，组员按负责人要求完成相关任务，根据任务内容制订车辆机油、机油滤清器、汽油滤清器检查与更换的工作计划，如表4-4所示。

表4-4 决策表

序号	人员	任务
1		
2		
3		
4		
5		
6		

五、计划

根据任务内容制订小组任务计划,简要说明任务实施过程的步骤及注意事项。并将计划内容等填入表 4-5 中。

表 4-5 计划表

序号	工作步骤	工具/辅具	注意事项	操作人
1				
2				
3				
4				
5				
6				
7				
8				

六、实施

按照计划步骤内容实施,记录实施结果在表 4-6、表 4-7 中。

表 4-6 发动机机油、机油滤芯汽油滤芯检查

操作内容		检查情况	采取措施
机油存量		不足 □/偏低 □	
新机油颜色		均匀透明 □/浑浊发暗 □	
新机油气味		无特别气味,略带芳香 □/带有刺激气味 □	
机体内机油品质	油滴检查	中心黑点:大 □ 小 □	
		颜色:深 □/浅 □	
		周围黄色浸润:小 □/大 □	
	搓捻鉴别	黏稠有拉丝 □/不黏稠无拉丝 □	
	油尺鉴别	刻度线清晰 □/刻度线不清晰 □	
	倾倒鉴别	油流细长均匀 □/油流形状不固定,流速不匀 □	

（续）

操作内容	检查情况	采取措施
油底壳渗漏	有 □ / 无 □	
放油螺栓螺纹	正常 □ / 滑脱 □	
机油滤芯	破损 □ / 渗漏 □ / 变形 □	
汽油滤芯	破损 □ / 渗漏 □ / 变形 □	

表 4-7　发动机机油、机油滤芯、汽油滤芯更换

序号	操作内容	操作人
1		
2		
3		
4		
5		
6		

七、检查

1. 自检

自检结果填入表 4-8 中。

表 4-8　自检表

序号	项目	结果	
1	机油加注是否达标	是 □	否 □
2	机油压力是否正常	是 □	否 □
3	机油滤清器是否拧紧	是 □	否 □
4	放油螺栓是否拧紧	是 □	否 □
5	机油加注口是否清洁	是 □	否 □
6	剩余机油是否密封	是 □	否 □
7	汽油滤卡箍是否卡紧	是 □	否 □
8	工具是否放回原位并摆放整齐	是 □	否 □
9	工位是否清洁干净	是 □	否 □

2. 互检

互检结果填入表 4-9 中。

表 4-9　互检表

序号	项目	结果
1	机油加注口是否清洁	是□　否□
2	工具是否放回原位并摆放整齐	是□　否□
3	剩余机油是否密封	是□　否□

任务二　检查更换变速器油及转向助力液

一、任务解析

通过完成本任务，使学生了解变速器齿轮油及转向助力液的作用与分类，了解齿轮油及转向助力液的选用，掌握变速器齿轮油以及转向助力液的检查和更换方法，了解汽车保养工人、技师岗位的基本要求。

二、资讯1

1. 变速器油的作用

变速器油是变速器的重要组成部分，能起到保证变速器正常工作并延长传动装置寿命的作用。根据变速器结构的不同，变速器油又分为手动变速器油和自动变速器油。

2. 手动变速器油（齿轮油）

（1）齿轮油性能分类　手动变速器油即我们常说的齿轮油。美国石油学会API按照齿轮油的质量水平将车辆齿轮油按使用性能分为GL-1、GL-2、GL-3、GL-4、GL-5和GL-6六类，性能按数字大小升序逐级提高。GL-1~GL-3的性能要求较低，用于一般负荷下的直齿轮和锥齿轮，以及变速器和转向器等齿轮的润滑，已属于淘汰类型。现在的用油市场上使用较多的是GL-4和GL-5两类。GL-4属于中负荷齿轮油，适用于在高速低转矩、低速高转矩下操作的各种手动变速器、各种齿轮，主要适用于各式小型车。GL-5是属于重负荷齿轮油，适用于在高速冲击负荷、高速低转矩操作下的各种齿轮，特别是客车或苛刻的其他车辆用的准双曲面齿轮适合使用GL-5类齿轮油。GL-6用于高偏置双曲面齿轮，用于在高速、冲击负荷等极端苛刻运行条件工作的各种齿轮。近年来API还提出了两种新规格，PG-1和PG-2，均用于重型载货汽车和公共汽车，这里就不详述了。变速器齿轮油一般正常行驶情况下2年或者6万km更换一次。

美国工程师学会SAE将齿轮油按黏度级别分类，具体分类如表4-10所示。

表 4-10　齿轮油黏度级别分类表

黏度等级	75W	80W/90	85W/90	85W/140	90	140
适用最低气温 /℃	−40	−26	−12	−12	−10	10

数字越大表明齿轮油黏度越高。在使用齿轮油的时候要根据当地的环境温度及车辆的实际使用情况来定，一般夏天选用的齿轮油的黏度稍高一些，冬季选用黏度稍低一些的齿轮油。

我国车辆齿轮油的分类与 SAE 黏度分类相同。其中字母 W 代表冬季使用的齿轮油，不带 W 的为常温或高温下使用的齿轮油；若两个等级连在一起，则表示多级油，其性能要满足两个黏度等级的要求。国内大部分地区可选用 85W/90 黏度的齿轮油，我国南方地区可选用 90 号或 140 号油，东北及西北寒冷地区宜选用 80W/90 或 75W/140 号油，其余中部地区宜选用 85W/90 或 85W/140 号油。

（2）齿轮油组成　齿轮油的成分分为基础油和添加剂。齿轮油性能的优异和机油一样，要看基础油的类型。常用于调配齿轮油的基础油有 500SN、650SN、150BS、200BS 等，有的还采用合成油如 PAO、聚醚等调和。一般 GL-4、GL-5 级的 85W/90、85W/140 及 90、140 油采用普通矿物油调和则可。GL-4、GL-5 的 75W/90、80W/90 则需要用合成油调和了。

建议家庭用车如果需要更换手动变速器齿轮油，尽量使用 75W-90 的 GL-4、GL-5 的全合成型齿轮油。

（3）齿轮油的检查与更换步骤

①起动发动机暖车达到正常工作温度。

②发动机熄火，将车停于水平路面上。

③拆下注油螺塞，然后检查油位情况，油位应处于注油螺塞孔附近，如果在螺塞孔以下，则应添加；当有油液溢出时，停止加注，然后换上新的垫圈，重新装上注油螺塞。

④如果变速器齿轮油脏污，则应拆下放油螺塞，排净齿轮油。

⑤换上新垫圈，重新装上放油螺塞，然后加注齿轮油，使液位升至正常高度。

⑥更换垫圈，安装注油螺塞。

如果车辆没有加注孔，则需要拆除里程表线轴，从里程表齿轮孔处加注齿轮油。油面位置以不超过"F"范围为止。加注量按照车辆维修手册的说明。过多加注齿轮油不仅增加搅油阻力和燃油消耗，而且有可能使齿轮油经后桥壳混入制动鼓造成制动失灵；过少加注齿轮油会使润滑不良，温度过高，加速齿轮磨损。不要误认为高黏度的齿轮油润滑性能好，使用黏度较高的齿轮油会使车辆的燃油消耗显著增加，也不利于齿轮的修复及维修养护，特别是对高速轿车影响更大，应尽可能地使用合适的多级齿轮油。在使用中严禁向齿轮油中加入柴油稀释，也不要因影响冬季车辆起步而烘烤后桥、变速器，以免齿轮油严重变质。如果出现这种情况，应选用低黏度的多级齿轮油。不同等级的齿轮油不能混用。

3. 变速器油的辨别

①味道：清洁的或正品油有一股焦糊味。
②流动性：正品油"挂瓶"后，很长时间不净；变质的齿轮油挂瓶现象减弱。
③气泡：正品油摇动后，很少见气泡；变质的齿轮油摇晃后有较多气泡产生。
④黏稠度：正品油沾手不易去掉，能拉丝；变质的齿轮油黏度降低，拉丝现象弱。

4. 自动变速器油

自动变速器油简称 ATF，是专门用于自动变速器的油液。早期的自动变速器没有专用油液，而是用发动机油代替。由于工作状况和技术要求差异很大，所以发动机油作为自动变速器油液的方法很快被淘汰。如今使用的自动变速器专用油液既是液力变矩器的传动油，又是行星齿轮结构的润滑油和换档装置的液压油。自动变速器油一般正常行驶情况每 12 万 km 更换一次，恶劣行驶情况每 6 万 km 更换一次。变速器油基本都能使用于市场上自动变速器，事实上每一款自动变速器的设计都有不同的技术要求，即使是同一型号的变速器配置在不同的车型，其转矩、重量、转速、结构等都会不同，因此原厂都有其自己指定的专用变速器油。而不同的变速器油正是影响换档品质的原因之一。最根本的区别是其摩擦体系的不同，HFM-ATF 有着更细腻的油分子，以及高效的抗剪切能力，在半离合的状态下或在结合的一瞬间，作用在摩擦材料表面的油膜能起到一个非常有效的悬浮状态而打滑，能缓冲瞬间的强大冲击，让结合更加平顺，换档更加畅顺。同时细腻的油分子大大减少了卡阀现象，使阀体工作更加顺畅。

（1）ATF 的技术要求　ATF 在自动变速器中工作时必须要满足如下要求：

1）传递功率的效率与油的黏度、起泡程度有关，所以要求油的黏度、起泡程度要合适。

2）ATF 在自动变速器中工作时，系统内部工作温度可达 -40~170℃，油的流速可达 20m/s，并且不断与有色金属、空气相接触，所以油的抗氧化性能要求高。

3）ATF 在系统中工作时，系统内的轴承、齿轮等摩擦副也须用 ATF 进行润滑，因此要求 ATF 应该具有一定的润滑性能。

4）随着现代自动变速器技术的进步，其整体尺寸不断缩小，但同时又必须保证其转速和传递功率保持不变，因此，ATF 的比重越大越好。

（2）性能指标

1）适当的黏度。ATF 的使用温度为 -40~170℃，范围很宽，又因自动变速器对其工作油的黏度极其敏感，所以黏度是 ATF 重要的特性之一。不同类型变速器所需要的 ATF 黏度也不相同，因此不能随意地更换汽车使用 ATF 的标准油，避免由于 ATF 黏度与自动变速器黏度要求不适应，导致出现不良反应。当使用 ATF 的黏度偏大时，不仅影响变矩器的效率，而且可能造成低温起动困难；当使用 ATF 的黏度偏小时，会导致液压系统的泄漏增加。特别是变速器在高速工作时，铝制阀体膨胀量大，此时黏度小则可能引起换档不正常。

2）良好的热氧化安定性。ATF 的热氧化安定性是使用中的一个极为重要的问题。和机油一样，ATF 的氧化安定性直接决定着 ATF 的使用寿命和自动变速器的使用寿命。因为 ATF 的使用温度很高，如果热氧化安定性不好，就会导致形成油泥、清漆、积炭及沉淀物等，从而造成离合器片和制动片打滑、控制系统失灵等故障。美国专业公司测定了出租轿车和自用小轿车自动变速器中的油温。自用车的 ATF 在高速公路上的油温为 82.2~87.8℃，而出租车在市内停停走走时的油温更高，一般在 93.3~111.7℃之间。在我国，数据可能有一定差别，但据科学估计，其 ATF 油温保持在 100℃左右，极端情况下可能会达到 150℃，而在离合器片表面温度可达 393℃。因此我国车辆自动变速器的工作状况更为恶劣。

3）良好的抗泡沫性。自动变速器中的 ATF 产生泡沫对于传动系统危害很大，这是由液力自动变速器油的工作性质所决定的。由于液力变矩器和变速器是同一油路系统供油的，因此它既是变矩器传递功率的介质，又是变速器自动控制的介质和润滑冷却的介质。泡沫可导致变矩器传递功率下降，泡沫的可压缩性导致液压系统压力波动和油压下降，严重时可使供油中断。油中混入大量空气，实际是减少了润滑油量。这些气泡在压缩过程中，温度升高，又加速了油品老化，影响了油品使用寿命，且导致机件早期磨损。

4）良好的抗磨性能。只有良好的抗磨性能才能保证：
①行星齿轮中各齿轮传动的需要；
②离合器片工作效能的需要；
③自动变速器寿命的需要。

5）与系统中橡胶密封材料的匹配性好。自动变速器中多使用的是丁腈橡胶、丙烯橡胶及硅橡胶等，要求 ATF 使其不能有太明显的膨胀，也不能使之硬化变质。

6）良好的摩擦特性（换档性能）。这是保证传动齿轮各件工作平顺的关键，并能降低噪声，延长寿命。

7）防腐（防锈）性能优良。在传动装置和冷却器中安装有铜接头、黄铜轴瓦、黄铜过滤器及止推垫圈等部件，这些部件中均含有大量的有色金属，因此 ATF 必须要保证不会引起铜腐蚀和其他金属生锈。

8）贮存安定性优良。ATF 在一定温度范围内和一定时间应该保证均相，且没有分解，而且 ATF 各成分不应该出现分层或析出等现象。

三、决策

分组，各小组选出一名负责人，组员按负责人要求完成相关任务，根据任务内容制订变速器齿轮油检查与更换的工作计划，如表 4-11 所示。

表 4-11　决策表

序号	人员	任务
1		
2		
3		
4		
5		
6		

四、计划

根据任务内容制订小组任务计划，简要说明任务实施过程的步骤及注意事项，并将计划内容等填入表 4-12 中。

表 4-12　计划表

序号	工作步骤	工具／辅具	注意事项	操作人
1				
2				
3				
4				
5				

（续）

序号	工作步骤	工具／辅具	注意事项	操作人
6				
7				
8				

五、实施

按照计划步骤内容实施，记录实施结果在表 4-13 和表 4-14 中。

表 4-13　齿轮油的检查与更换

序号	操作内容	操作人
1		
2		
3		
4		
5		
6		
7		
8		

表 4-14　齿轮油的辨别

检查内容	检查情况	备注／处理意见
油的味道	焦煳味：有 □／无 □	
油的流动性	"挂瓶"现象：明显 □／不明显 □	
油的气泡	气泡产生量：多 □／少 □	
油的黏稠度	沾手、拉丝现象：明显 □／不明显 □	

六、检查

1. 自检

自检结果填入表 4-15 中。

表 4-15 自检表

序号	项目	结果
1	齿轮油颜色是否正常	是□ 否□
2	齿轮油的流动性是否下降	是□ 否□
3	齿轮油是否有大量的气泡产生	是□ 否□
4	齿轮油是否沾手	是□ 否□
5	变速器放油孔是否拧紧	是□ 否□
6	变速器油是否有渗漏现象	是□ 否□
7	变速器油加注口和变速器壳体是否清洁	是□ 否□
8	变速器油加注量是否达标	是□ 否□
9	工具是否整齐摆放	是□ 否□

2. 互检

互检结果填入表 4-16 中。

表 4-16 互检表

序号	项目	结果
1	实训车辆是否恢复	是□ 否□
2	实训工位是否清洁	是□ 否□
3	实训工具是否缺损	是□ 否□

七、资讯 2

1. 转向助力液的作用

转向助力液是汽车转向助力泵里面用的一种特殊液体,通过液压作用,可以使转向盘变得非常轻巧,与自动变速器油液、制动油液以及减振油液类似。随着家用轿车的普及以及车辆性能的优化与改进,采用液压助力转向的轿车已经越来越少了,但是在一些低端家用车上和轻型客车与货车上仍普遍使用。目前家用轿车采用的是电控液压助力转向系统。

2. 转向助力液的更换周期

一般汽车厂家并不严格规定转向助力液的更换周期。大多数汽车保养维修店会参考其他同行业的服务企业，互相借鉴取长补短。也有比较规范的企业会参考国外汽车公司的汽车保养要求，并结合目前我国的道路状况、空气质量和使用人员的技术水平等因素做出比较合理的规定。

一般存在以下三种情况需考虑更换转向助力液：

①为防止转向助力液过脏或变质，2年或3万km更换一次转向助力液。

②油液变稀或者油液的颜色变得发黑，变质进水，杂质过多需要更换转向助力液。

③液压动力转向装置出现转向沉重、异响，经检查为转向助力液问题的，需要更换转向助力液。

3. 转向助力液的检查

①将车辆停放在平坦的路面上，使前轮处于直行的位置。

②起动发动机，并使其达到正常的工作温度。

③使发动机怠速运行大约2min，左右打几次转向盘，使油温上升至80℃左右，此时用手触摸液压管路应有烫手的感觉。

④将转向盘打到中间位置，观察储油罐的液面，此时的液面应该在MAX与MIN之间。若低于MIN，则应添加适量的转向助力液。要注意的是，添加的转向助力液应与原有的一致。

⑤观察助力液是否气泡乳化，一旦有气泡乳化现象，说明动力转向系统内有空气或者液面过低，此时，应排除管路内的空气并添加适当的助力液。

⑥检查液面的涨升量，记下液面高度，然后关闭发动机数分钟，再查看储油罐的液面高度，两次差值一般在5mm左右。若差值过大，则说明转向系统中确实有空气存在，应对其进行放气。

4. 转向助力液的更换步骤

①制作排油延长管，如图4-17a所示。

②用抽油机或注射器清空储油壶，如图4-17b所示。

③断开转向助力液排油管，转向助力液储油壶一般接有进排各两油管，较细的油管是排油管，如图4-18a所示。

④接上排油延长管，如图4-18b所示。

⑤堵住储油壶的排油管口，起动汽车一边排油一边加入新油，用油1L，如图4-19a所示。

⑥用容器接废油，妥善处理，不要对环境造成污染，如图4-19b所示。

图 4-17 转向助力液更换步骤一

a)排油延长管 b)清空储油壶

 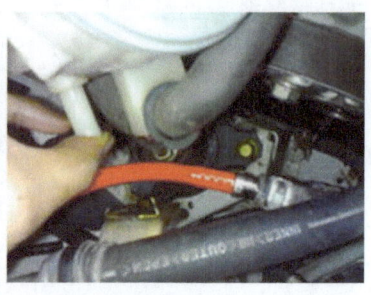

图 4-18 转向助力液更换步骤二

a)排油管位置 b)红色排油延长管

图 4-19 转向助力液更换步骤三

a)堵住储油壶排油管口 b)用容器盛装废油

⑦熄火,接上排油管,将油加到适中,如图 4-20 所示。

注意事项:

①转向助力液含有致癌物质,如果沾到皮肤上应及时清洗干净;

②转向助力液有腐蚀性,可能导致油漆失去光泽,也会导致橡胶配件老化,如有沾染应及时清洗;

图 4-20　复位排油管

③配有液力转向助力系统的汽车，在使用过程中避免转向盘打死，长时间那样会烧蚀助力转向油泵。

八、决策

分组，各小组选出一名负责人，组员按负责人要求完成相关任务，根据任务内容制订转向助力液检查与更换的工作计划，如表 4-17 所示。

表 4-17　决策表

序号	人员	任务
1		
2		
3		
4		
5		
6		

九、计划

根据任务内容制订小组任务计划，简要说明任务实施过程的步骤及注意事项，并将计划内容等填入表 4-18 中。

表 4-18　计划表

序号	工作步骤	工具／辅具	注意事项	操作人
1				
2				
3				
4				

十、实施

按照计划步骤内容实施，记录实施结果在表 4-19 和表 4-20 中。

表 4-19　转向助力液的检查

检查内容	检查情况	采取措施
转向助力液的状态	黏稠度：正常□／过稀□	
	颜色：清亮透明□／发黑□	
	颗粒：无杂质□／杂质过多□	
触摸液压管路	烫手□／不烫手□	
气泡乳化	气泡：有□／无□	

表 4-20　转向助力液的更换步骤

序号	操作内容	操作人
1		
2		
3		
4		
5		
6		
7		

十一、检查

1. 自检

自检结果填入表 4-21 中。

表 4-21 自检表

序号	项目	结果
1	更换过程中车辆是否进行防护	是□ 否□
2	转向助力液更换过程是否正确	是□ 否□
3	更换的转向助力液是否为原厂配件	是□ 否□
4	更换的转向助力液有无杂质	是□ 否□
5	更换的转向助力液是否变稀	是□ 否□
6	工具是否整齐摆放	是□ 否□
7	工位卫生是清洁	是□ 否□

2. 互检

互检结果填入表 4-22 中。

表 4-22 互检表

序号	项目	结果
1	实训车辆是否恢复	是□ 否□
2	实训工位是否清洁	是□ 否□
3	实训工具是否缺损	是□ 否□

任务三　检查更换制动液

一、任务解析

通过完成本任务，使学生了解制动液的作用与分类，了解如何选择合适的制动液，掌握制动液泄漏的检查和制动液的更换方法，了解汽车保养工人、技师岗位的基本要求。

二、资讯

1. 制动液的作用

制动液是液压制动系统中传递制动压力的液态介质，使用在采用液压制动系统的车辆中。制动液又称刹车油或迫力油，是制动系统不可缺少的部分。在制动系统之中，它是作为一个力传递的介质，因为液体是不能被压缩的，所以从总泵输出的压力会通过制动液直接传递至分泵之中。

2. 制动液的类型

蓖麻油－醇型：由精制的蓖麻油45%~55%和低碳醇（乙醇或丁醇）55%~45%（质量分数）调配而成，经沉淀获得无色或浅黄色清澈透明的液体，即醇型汽车制动液。蓖麻油加乙醇为醇型1号，蓖麻油加丁醇为醇型3号。醇型制动液的原料容易得到，合成工艺简单，产品润滑性好；缺点是沸点低，低温时性质不稳定。醇型1号在45℃以上出现乙醇蒸气，产生气阻；在-25℃时蓖麻油呈乳白色胶状物析出，并随温度降低而增加，堵塞制动系统，使制动系统沉重失灵。在醇型3号皮碗试验中发现，制动液颜色稍变深，丁醇稍有溶解、腐蚀橡胶的现象，在-28℃时也有白色沉淀物析出。

合成型：用醚、醇、酯等掺入润滑、抗氧化、防锈、抗橡胶溶胀等添加剂制成。

矿油型：用精制的轻柴油馏分加入稠化剂和其他添加剂制成。

制动液是用于液压制动系统中传递压力以制止车轮转动的一种功能性液体，其制动工作压力一般为2Mpa，高的可达4~5MPa。所有液体都有不可压缩特性，在密封的容器中或充满液体的管路中，当液体受到压力时，便会很快地、均匀地把压力传到液体的各个部分。液压制动便是利用这个原理来进行工作的。

3. 制动液的分类及标准要求

一般来说制动液按其原料、工艺和使用要求的不同，可分为醇型制动液、矿油型制液和合成制动液，其中合成制动液具有凝点低、沸点高、不易产生气阻、抗腐蚀等优点，被广泛应用于高速、大负荷的汽车上。

优质制动液应符合美国交通部 DOT3 和 DOT4 标准，这是国际认可的制动液标准。我国的 HZY 系列制动液也是参照美国标准制定的。国内生产的制动液 20 世纪 80 年代前一直使用醇型制动液，这种制动液的缺点是沸点较低，高温行车易发生气阻，低温性能较差，像在我国北方地区 -25℃以下会出现白色结晶，不能满足车辆使用需求，气温适用范围小。

对制动液的性能要求如下：

①低温流动性好；

②沸点高，高温下不产生气阻；

③使用过程中品质变化小，并不引起金属件和橡胶件的腐蚀和变质。

4. 制动液的选择

①尽可能购买长期为汽车厂提供配套制动液的生产厂家的产品，确保质量可靠，性能稳定。

②尽量到资质合格的大型销售场所购买，以防伪劣产品；最好使用专业设备进行更换，这样才更彻底，不至于残留杂质，同时避免出现气阻。

③在种类选择上，最好考虑选合成制动液，不要购买已淘汰的醇型制动液。

④制动液具有吸水特性，会出现沸点降低、污染及不同程度的氧化变质，长时间不更换会腐蚀制动系统，给行车带来隐患。制动液一般两年或者 4 万 km 必须更换一次。

⑤制动液级别越高越好。制动液级别越高，安全保障性越好。一般情况下，微型、中低档汽车适宜选取符合 HZY3 标准的制动液，而中高档车建议选择 HZY4 标准的制动液。当然，微型、中低档汽车选择 HZY4 也没有任何问题，而且更好。

5. 制动液泄露的检查

①给车辆做好防护，套上三件套，拉紧驻车制动器，并将手动变速器置于空档位置，如图 4-21 所示。

②贴前脸磁力护裙和左、右翼子板布，如图 4-22 所示。

③确定制动主缸及储液罐的安装位置，如图 4-23 所示。

④使用手电筒检查储液罐内的制动液液面是否正常（液面应位于最高液位 MAX 和最低液位 MIN 之间为正常），如图 4-24、图 4-25 所示。

⑤检查制动主缸、储液罐、油管是否有泄漏，如图 4-26、图 4-27 所示。

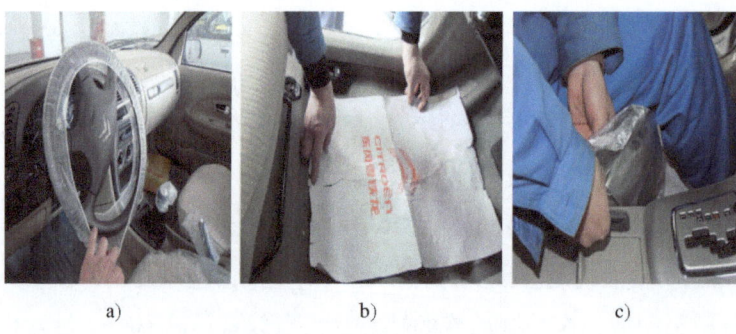

图 4-21 制动液泄漏检查步骤

a）转向盘保护套　b）脚垫　c）驻车制动保护套

图 4-22 铺设防护裙

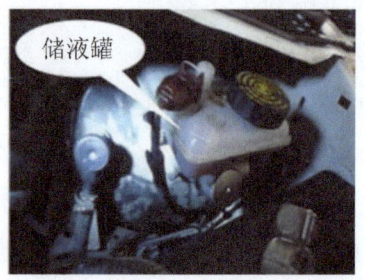

图 4-23 制动主缸及储液罐

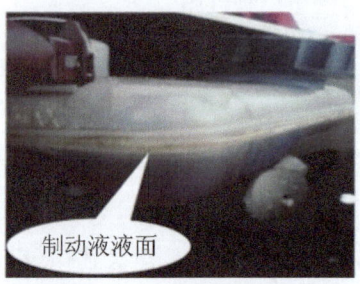

图 4-24 检查制动液液面

图 4-25 检查最低刻度线

图 4-26 储液罐和制动主缸渗漏检查

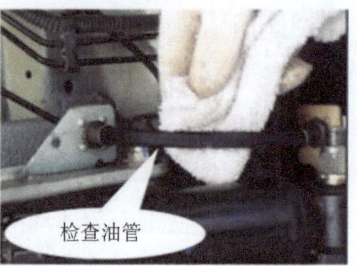

图 4-27 油管渗漏检查

⑥操作举升机,将车辆举升至适当高度,并进行安全锁止,如图4-28所示。

⑦检查车身底部的制动管路是否有制动液泄露,如图4-29所示。

图4-28 举升车辆

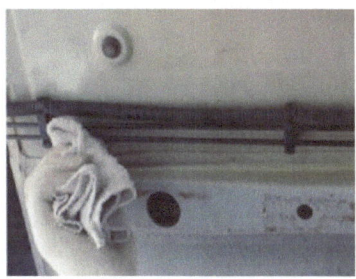
图4-29 检查制动管路

⑧检查制动轮缸是否有泄漏,如图4-30、图4-31所示。

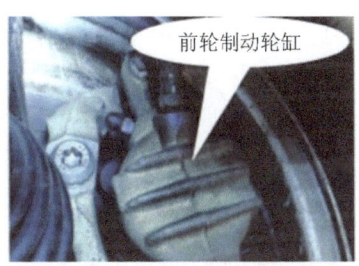
图4-30 检查前轮制动轮缸

图4-31 检查后轮制动轮缸

6. 制动液的更换方法

一套完整的制动液更换包括旧液排除、清洗管路、系统排气、制动性能试验四个步骤。

1)旧液排除。此操作需要两名同学互相配合完成。

①甲同学进入驾驶室,放松驻车制动器操纵杆,如图4-32所示。

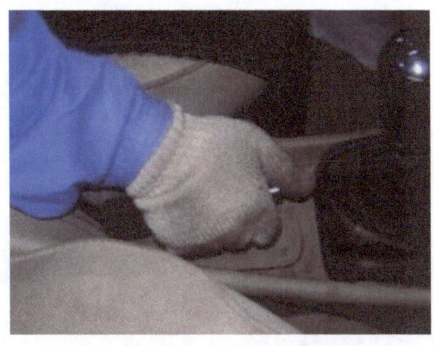
图4-32 放松驻车制动

②乙同学操作举升机,将车辆举升至适当高度,并进行安全锁止。

③乙同学进入车辆下面,取下车轮制动轮缸放气阀上的防尘帽,摆放在零件车上,如图4-33、图4-34所示。

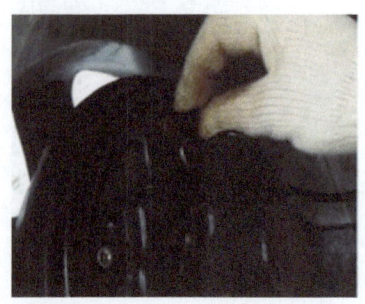 

图4-33 取下轮缸放气阀　　　　　　图4-34 防尘帽

④乙同学将塑料软管一端插入制动轮缸的放气阀上,另一端插入接油容器中,如图4-35、图4-36所示。

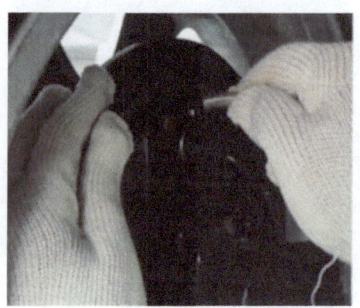 

图4-35 连接轮缸与导管　　　　　　图4-36 容器盛装排除的油液

⑤甲同学连续踩踏制动踏板多次后,踩住制动踏板不放向乙同学发出信号,听到信号后乙同学使用排气扳手拧松制动轮缸上的放气阀,如图4-37、图4-38所示。

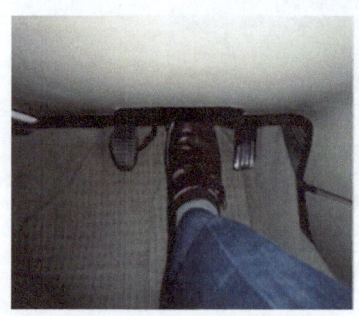 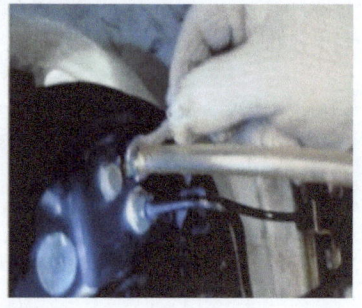

图4-37 制动排气

⑥无制动液排放时,乙同学拧紧放气阀后,向甲同学发出信号。

⑦甲乙同学相互配合,重复⑤、⑥步的操作步骤,直到使用过的制动液排放完毕,拧紧放气阀,取下塑料软管。

⑧用抹布擦净制动轮缸放气阀周围的油液,汽车制动系统内的制动液排放完毕,如图4-39所示。

 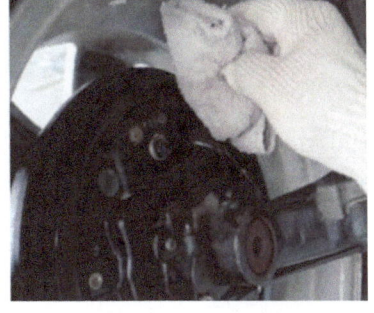

图 4-38　排放油液　　　　　　　图 4-39　排气完毕

提示:重复以上操作步骤,分别完成左前轮、左后轮、右前轮制动管路的制动液排放操作。

2)清洗制动管路。此操作需要两名同学互相配合完成。

①乙同学拔下安装在储油罐上的液位传感器插接器,并旋下储液罐盖,摆放在零件车上。

②乙同学将漏斗放入储油罐加油口中,并扶稳。

③乙同学旋开制动液包装盖,将制动液缓慢倒入储液罐内,直到液面达到规定要求为止,旋紧储液罐盖。

④甲同学进入驾驶室,乙同学操作举升机,将车辆举升到适当高度,并进行安全锁止。

⑤乙同学用手取下左后车轮制动轮缸放气阀上的防尘帽,并摆放在零件车上。

⑥乙同学将塑料软管一端插入制动轮缸的放气阀上,另一端插入接油容器中,如图4-40所示。

⑦甲同学连续踏踩制动踏板,踩住不放并向乙同学发出信号,乙同学使用排气扳手拧松制动轮缸上的放气阀。

⑧观察流入接油容器中制动液的情况,重复第7步操作,直到排出的制动液色泽鲜亮、无杂质,停止踩踏制动踏板,如图4-41所示。

⑨取下塑料软管,拧紧放气阀,擦净制动轮缸放气阀周围的油迹,将车辆下降到

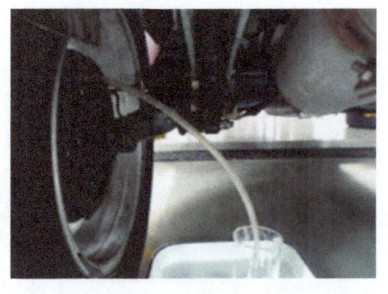
图 4-40 连接软管

图 4-41 排出的制动液

地面,即为右后车轮制动管路清洗完毕。

3) 制动系统排气。此操作需要两名同学互相配合完成。

①甲同学进入驾驶室,乙同学操作举升机,将车辆举升至适当高度,并进行安全锁止。

②乙同学用手取下车轮制动轮缸放气阀上的防尘帽,并摆放在零件车上。

③乙同学将洁净的塑料软管一端插入制动轮缸的放气阀上,另一端插入装有新制动液的接油容器中液面以下的位置,如图 4-42 所示。

④甲同学连续踩踏制动踏板数次,当感觉制动踏板阻力增大时,踩住制动踏板,并向乙同学发信号。

⑤同学听到信号后,使用排气扳手拧松制动轮缸上的放气阀,制动液和空气快速进入接油容器中,如图 4-43 所示。

图 4-42 盛装排除的制动液

图 4-43 盛装的制动液

⑥当进入接油容器中的制动液流速变慢时,乙同学拧紧制动轮缸上的放气阀,并向甲同学发出信号。

⑦甲乙同学相互配合,重复④、⑤、⑥步的操作步骤,直到制动轮缸里的空气排放完毕,拧紧放气阀,取下塑料软管。

⑧擦净制动轮缸周围的油液,即为车轮制动管路排气完毕。

提示：按照以上步骤，按照右后车轮、左前车轮、左后车轮、右前车轮的顺序，分别对各个制动轮缸管路进行排气

4）制动性能试验。

①甲同学进入驾驶室，彻底放松驻车制动器操纵杆，用力踩下制动踏板并保持制动位置。

②乙同学操作举升机，将车辆举升至车轮离开地面的适当高度，并进行安全锁止。

③乙同学用力转动前轮或后轮，如前轮或后轮均不能转动，说明制动性能良好，如图 4-44 所示。

④乙同学操作举升机，将车辆下降到地面。

⑤在条件允许的情况下，对车辆进行道路试验，检查汽车的制动距离、滑移率等性能参数。

图 4-44 检测制动效果

5）整理工位。

①拆除防护 5 件套。

②清理工具、材料等。

③清洁现场。

汽车制动液的更换

三、决策

分组，各小组选出一名负责人，组员按负责人要求完成相关任务，根据任务内容制订制动液检查和更换的工作计划，如表 4-23 所示。

表 4-23 决策表

序号	人员	任务
1		
2		
3		
4		
5		
6		

四、计划

根据任务内容制订小组任务计划,简要说明任务实施过程的步骤及注意事项,并将计划内容等填入表 4-24 中。

表 4-24 计划表

序号	工作步骤	工具/辅具	注意事项	操作人
1				
2				
3				
4				
5				
6				
7				
8				

五、实施

按照计划步骤内容实施,记录实施结果在表 4-25 和表 4-26 中。

表 4-25 制动液泄露的检查

检查内容	检查情况	备注/处理意见
储液罐内制动液液面是否正常	正常□/不正常□	
制动主缸、储液罐、油管是否泄漏	是□/否□	
车身底部的制动管路是否泄漏	是□/否□	
制动轮缸是否泄漏	是□/否□	

表4-26 制动液的更换步骤

序号	操作内容		操作人
1	旧液排除		
2	清洗管路		
3	系统排气		
4	性能测试		

六、检查

1. 自检

自检结果填入表4-27中。

表 4-27　自检表

序号	项目	结果	
1	制动管路及分泵是否泄漏	是□	否□
2	储液罐内制动液液面是否正常	是□	否□
3	制动轮缸是否泄漏	是□	否□
4	系统排气是否完全	是□	否□
5	制动性能是否正常	是□	否□
6	工具是否摆放至原位	是□	否□

2. 互检

互检结果填入表 4-28 中。

表 4-28　互检表

序号	项目	结果	
1	实训车辆是否恢复	是□	否□
2	实训工位是否清洁	是□	否□
3	实训工具是否缺损	是□	否□

任务四　检查更换发动机冷却液

一、任务解析

通过完成本任务，使学生了解制动液的作用与分类，了解如何选择合适的制动液，掌握冷却液泄漏的检查和制动液的更换方法，了解汽车保养工人、技师岗位的基本要求。

二、资讯

1. 什么是冷却液

冷却液，全称应叫防冻冷却液，是具有防冻功能的冷却液。防冻冷却液可以防止寒冷季节停车时冷却液结冰而胀裂散热器和冻坏发动机气缸体，而在夏季温度较高时，则能有效防沸，避免出现开锅现象。汽车冷却液作用很大，直接影响汽车的性能和使用寿命。

2. 冷却液的组成与分类

冷却液由水、防冻剂、添加剂三部分组成。按防冻剂成分不同可分为酒精型、甘油型、乙二醇型等类型的冷却液。

酒精型冷却液是用乙醇（俗称酒精）作防冻剂，价格便宜，流动性好，配制工艺简单，但沸点较低、易蒸发损失、冰点易升高、易燃等，现已逐渐被淘汰；甘油型冷却液沸点高、挥发性小、不易着火、无毒、腐蚀性小，但降低冰点效果不佳，成本高、价格昂贵，用户难以接受，只有少数北欧国家仍在使用。

乙二醇型冷却液是用乙二醇作防冻剂，并添加少量抗泡沫、防腐蚀等综合添加剂配制而成。由于乙二醇易溶于水，可以任意配成各种冰点的冷却液，其最低冰点可达 $-68℃$ ，这种冷却液具有沸点高、泡沫倾向低、黏温性能好、防腐和防垢等特点，是一种较为理想的冷却液，目前国内外发动机所使用的和市场上所出售的冷却液几乎都是这种乙二醇型冷却液，如图4-45所示。

无水冷却液或者是非水冷却液共同的特点都是采用丙二醇为冷却液的主体。丙二醇对人及环境无污染及毒性，所以公认为是未来的冷却液，也是第三代冷却的主体：

图 4-45 冷却液

第一代是水，第二代是以防冻为目的的乙二醇冷却液，第三代是不含水、以丙二醇为主要成分的无水冷却液或非水冷却液。非水冷却液对比无水冷却液有显著的特点：产品抗氧化性、流通性、导热效能及适用主体都得到了大大的提升，被业界誉为第二代的无水冷却液，如图 4-46 所示。

图 4-46 无水冷却液

3. 冷却液的检查及补充

发动机在冷态下，补偿水箱的液面应位于 FULL（上限）和 LOW（下限）之间。如果液面低于 LOW 刻线，应补充冷却液。补充的冷却液应与原冷却液品牌相同。冷却液缺少时，不得加水，以免使冷却液冰点上升，或者腐蚀冷却系统，结垢等不良现象的产生。对于可单独加注冷却液的散热器来说，如果补偿水箱中无冷却液了，则应同时往散热器和补偿水箱内加注冷却液。往散热器内加注冷却液时，应待发动机降温后进行，防止热的冷却液蒸气或带有压力的冷却液水滴烫伤皮肤。

4. 使用冷却液的注意事项

根据车辆所在地的温度选择冷却液，选用冷却液的冰点应比当地最低气温低 5~10℃，而且沸点应尽可能高一些。

石油产品不能混入冷却液中，混入石油产品的冷却液在使用过程中容易产生泡沫，影响使用效果，因此，应注意保持存放冷却液容器的清洁。

不同品牌的冷却液不能混用，因为不同品牌的冷却液配方不同，混合后可能会产生化学反应而产生沉淀物，阻塞水道，腐蚀机件。

乙二醇－水型冷却液有毒，使用时应注意切勿用口吸取。同时该种冷却液在使用过程中水分容易蒸发，应注意随时添加。如果是蒸发消耗可添加软水，如果是泄漏应补充冷却液。

不要全年使用非长效冷却液。当环境最低温度高于 0℃时，可换用软水。

5. 冷却液泄漏的检查

（1）补偿水箱泄漏的检查　一般在补偿水箱的底部水管处，由于卡箍或者水管的损坏，导致补偿水箱的泄漏。

（2）散热器泄漏的检查　由于散热器遭到外力撞击导致散热器外壳体损坏，进而导致冷却液的快速泄漏。

（3）上、下水管渗漏的检查　散热器上水管和下水管卡箍处由于车辆常年使用不注意保养，导致相关管承受不住系统压力而破裂，进而导致冷却液泄漏。

（4）水泵泄漏的检查　由于水泵的损坏，导致冷却液的泄漏。

（5）缸盖密封不严导致冷却液泄漏的检查　发动机机体进行过维修，在安装或者维修过程中，缸盖和缸体连接处由于密封不严，导致冷却液顺着机体缝隙流出，造成泄漏。

（6）水管三通的检查　水管三通损坏，导致冷却液的泄漏。

6. 冷却液的更换

由于长期的使用，冷却液中的添加剂会变质，因此当冷却液呈现锈红色，或者每两年或汽车行驶至 40 000km 时，应该更换冷却液。

更换方法如下：

①拧下散热器盖，打开散热器放水阀，放出冷却液。

②将一根连接于自来水管的橡胶管插入散热器加水口，打开自来水龙头，使自来水连续不断地流经发动机冷却系统。在冲洗操作时，要使发动机怠速运转，保持上述操作，直至散热器放出清水为止。

③关上自来水龙头，待冷却系统的水放尽后，再关上散热器放水阀。

④冲洗冷却液储液罐。

⑤从散热器加水口加入冷却液，使冷却液充满散热器。拧开储液罐盖，加入冷却液，并达到"FULL"刻度线，注意不要超过"FULL"刻度线。

⑥盖上散热器盖和储液罐盖，并拧紧。

⑦起动发动机，怠速运转 2~3min，拧开散热器盖。这时冷却系统由于排除了部分

空气，冷却液面将降低，这时应再补充冷却液，使散热器充满为止。

⑧盖好散热器盖，并拧紧。

三、决策

分组，各小组选出一名负责人，组员按负责人要求完成相关任务，根据任务内容制订冷却液检查及更换的工作计划，如表 4-29 所示。

表 4-29 决策表

序号	人员	任务
1		
2		
3		
4		
5		
6		

四、计划

根据任务内容制订小组任务计划，简要说明任务实施过程的步骤及注意事项，并将计划内容等填入表 4-30 中。

表 4-30 计划表

序号	工作步骤	工具/辅具	注意事项	操作人
1				
2				
3				
4				
5				
6				
7				
8				

五、实施

按照计划步骤内容实施,记录实施结果在表 4-31 和表 4-32 中。

表 4-31 冷却液液位及渗漏检查

检查内容	检查情况	备注(处理措施)
冷却液液位	FULL□ /LOW□ / 二者之间□	
冷却液颜色	锈红色□ / 粉色□ / 绿色□	
补偿水箱	正常□ / 接头断裂□ / 橡胶老化□	
散热器	管接口破裂□ / 水道腐蚀渗漏□	
水泵	破裂□ / 转轴变形□	
缸盖密封	渗漏□ / 正常□	
水管三通	破裂□ / 卡箍破损□ / 橡胶老化□	

表 4-32 冷却液更换的步骤

序号	操作内容		操作人
1			
2	放出冷却液		
3	加注冷却液		
4	注意事项		

六、检查

1. 自检

自检结果填入表 4-33 中。

表 4-33　自检表

序号	项目	结果	
1	散热器是否有破损	是☐	否☐
2	水泵是否有渗漏	是☐	否☐
3	冷却液是否按要求更换	是☐	否☐
4	冷却液液位是否在标准范围内	是☐	否☐

2. 互检

互检结果填入表 4-34 中。

表 4-34　互检表

序号	项目	结果	
1	检查有无冷却液渗漏点	有☐	无☐
2	更换的冷却液是够和原有品牌一致	是☐	否☐
3	冷却液是否加注到位	是☐	否☐
4	冷却液级别选择是否合理	是☐	否☐

3. 终检

终检结果填入表 4-35 中。

表 4-35　终检表

序号	项目	结果	
1	检查有无漏项	是☐	否☐
2	检查冷却液温度是否正常	是☐	否☐
3	检查工位及工具整理是否按要求摆放	是☐	否☐

七、评估应用

对照项目确认表 4-36 中的项目内容，检查油液的检查与更换工作项目，并根据实际操作内容完成表 4-36 的填写。

表 4-36 油液的检查与更换项目检查确认表

保养项目	保养内容	完成情况	备注（处理措施）
机油检查与更换			
齿轮油检查与更换			
转向助力液的检查与更换			
制动液的检查与更换			
冷却液的检查与更换			

项目五

车辆供给系统与电控系统的维护与匹配

➔ 项目导入

一辆帕萨特轿车，行驶 25 000km，到 4S 店做保养。保养过程中需对发动机燃油供给系统和进气系统进行清洗并对电控系统进行检查。

- 车　型：帕萨特，1.8T。
- 年　款：2005 年 1 月。
- 行驶里程：25 000km。
- 变速器：手动。

➔ 学习内容

- 燃油系统的保养与维护。
- 诊断仪的使用和电控系统的检查。
- 节气门的清洗及匹配。

➔ 学习目标

- 能够正确使用喷油器清洗机及其他清洗设备对发动机燃油供给系统进行清洗。
- 能够正确操作诊断仪对车辆的电控系统进行检查等基本操作。
- 能够熟练使用诊断仪完成节气门的匹配（基本调整）。

> 项目实施

任务一 燃油供给系统的保养与维护

一、任务解析

通过完成本任务，使学生了解车辆燃油供给系统的结构、组成及工作原理，掌握车辆燃油供给系统检查与保养的步骤与方法，了解汽车保养工人、技师岗位的基本要求。

二、资讯

燃油供给系统由燃油箱、燃油泵、燃油滤清器、燃油压力调节器、喷油器、供油管和回油管等组成，其主要任务是为不同工况下的汽车发动机提供适量的燃油。油箱中的燃油经燃油泵、燃油滤清器和燃油压力调节器，通过分油管送到喷油器。燃油供给系统的组成如图 5-1 所示。

（一）油箱盖的保养

油箱盖是汽车上燃油蒸气排放系统中非常重要的组成部分，在燃油系统中起到储

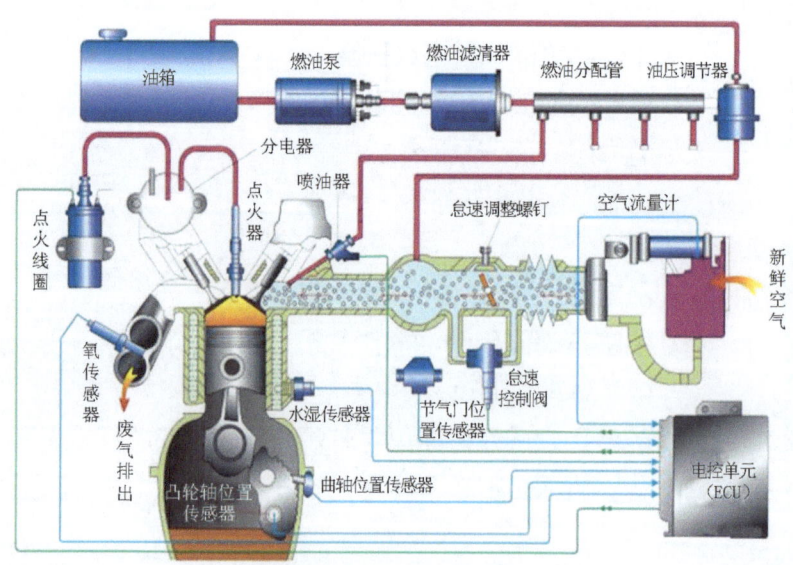

图 5-1 汽车燃油供给系统图

油的作用，在使用过程中必须保证安装牢固可靠，且无裂纹和漏油的现象，否则需要维护或更换，如图 5-2 所示。

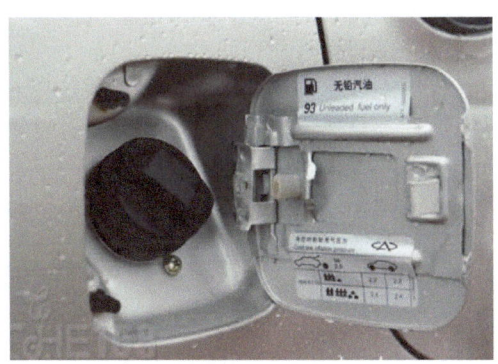

图 5-2　油箱盖

如果油箱盖存在缺陷、松动或油箱盖丢失，都会引起故障指示灯闪亮报警，同时还会在汽车电子控制模块中储存燃油蒸发排放系统的初始故障码。

车辆每行驶 48 000km 就要检查一次油箱盖。

检查油箱盖时，首先检查一下燃油注入口顶部两处的螺纹是否有损伤或螺纹错扣，并确保密封垫片或者密封圈处于正确的位置。

①如果拧紧油箱盖时，会明显地感到很费力，这可能是由螺纹错扣引起的。

②如果油箱盖发出像棘轮机构的"咔嗒、咔嗒"声，说明油箱盖安装得很紧并且正在起着密封的作用。

③如果把油箱盖拧松时，"嗖嗖"的排气声就会消失。

其次，还应该注意的是油箱盖的使用是否满足汽车制造商要求的使用规范。专用的测试仪器可以用来检测油箱盖是否能够保持正常的油箱压力，也可以检查是否能够满足燃油蒸发排放的要求。

（二）电动燃油泵的保养

汽车电动燃油泵的作用是把燃油从燃油箱中泵出、加压后输送到供油管中，并和燃油压力调节器配合，共同建立一定的燃油压力，保证向喷油器供应持续的燃油，其外形如图 5-3 所示。

燃油泵位于车辆油箱内部，在起动和发动机运转时工作，如果发动机停止而点火开关仍处于 ON 时，计算机控制模块会关闭燃油泵的电源，以避免意外点火。

电动燃油泵在电控发动机中起着重要的作用，所以在日

图 5-3　电喷车汽油燃油泵

常生活中要多加注意。下面给大家介绍几点使用时的注意事项。

1. 油品保障

不加劣质汽油,按要求加规定标号的汽油。

2. 预置油压

电喷车的燃油泵是安装在汽油箱中,浸泡在汽油当中的。当我们把车钥匙插入车上的钥匙孔(图5-4)向右旋转经过 ACC 档,到达 ON 档时汽油泵会工作 2~3s,这是汽油泵给电喷汽油管路预先加压的一个过程,2~3s 后再把钥匙拨到 START 档 起动机开始带动发动机运转,同时各缸按照相应的正时时刻喷出预先加压的燃油。

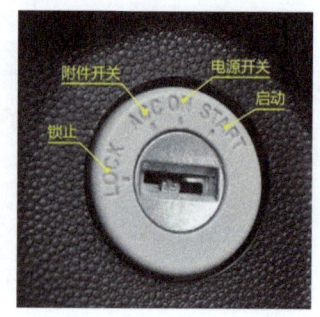

图 5-4 车辆钥匙孔位置

有些车主直接就把钥匙一转到底到 START 上,这时燃油压力较低,发动机起动起来就需要时间稍微长一些。所以正确的操作方法是把钥匙拨到 ON 位置上停留 2~3s 后再拨到 START 位,使发动机在起动的时候喷油压力就是正常值的范围,有利于发动机的起动。

3. 保证油量

通常我们会根据汽油表的指示来决定去加油站加油的时间点,但这里有一个问题:燃油泵是浸泡在汽油箱的汽油中的,并且燃油泵工作时产生的热量是需要汽油帮助散热的。如果燃油量过低时,燃油泵得不到汽油浸泡不能有效散热,燃油泵的温度就会过高,长期工作在这种状态,燃油泵的寿命就会相应缩短,而一旦燃油泵途中损坏,车辆就不能行驶。

因此不要等油位计指针到达红线红格区域再去加油,尽量提前一些去加油,给燃油泵一个良好舒适的工作散热环境,夏天时尤其重要。

4. 保证燃油系统的清洁

在电控燃油喷射系统中,导致燃油泵过早发生故障的主要原因是燃油系统中出现灰尘、铁锈或水垢之类的污染物。为了保证燃油泵正常工作,必须彻底清洁燃油系统的所有部件。

(三)燃油滤清器的更换步骤

燃油滤清器起到过滤燃油杂质的作用,当其长时间使用后会出现脏堵现象,如果不及时更换,将会影响发动机的正常工作。有的燃油滤清器与燃油泵总成一起安装在燃油箱内。

在进行燃油滤清器的更换时一定要注意如下几点:

1）时刻记住汽油是高度易燃物品。当准备处理燃油系统的时候确保附近有一个灭火器。禁止抽烟。

2）确保火源远离汽车或油箱。杜绝在油箱附近使用可见光，因为灯泡的热表面可能点燃泄漏的汽油。

3）汽油的易挥发性。汽油蒸气密度比空气高，它能够沿着车库挥发相当远一段距离，任何电气设备都可能引燃这些挥发的汽油，工作时一定要小心。

操作步骤：

①把车停在一个坚固的平面上并举升，如图5-5所示。

图5-5 举升车辆

②降低燃油系统的压力（喷油系统工作在非常高的压力环境下，需要降低压力），按照下面的步骤进行：

a. 松开油箱盖以降低燃油系统压力。

b. 拆下燃油泵继电器或熔断器（按照用户手册操作），如图5-6所示。

③起动发动机直到管道中的汽油用完，发动机停止。

④找到燃油滤清器的位置，它一般在发动机下面或油箱下面（图5-7），其外形如图5-8所示。如果必要的话，可以使用千斤顶抬升汽车，并从燃油滤清器断开输油管，

图5-6 燃油泵继电器

输油管和夹子连在一起，或者是快速锁定接头，需要特殊的工具来拆除，如图 5-9 所示。

⑤移除燃油滤清器的安装螺栓，拆除燃油滤清器，如图 5-10 所示。

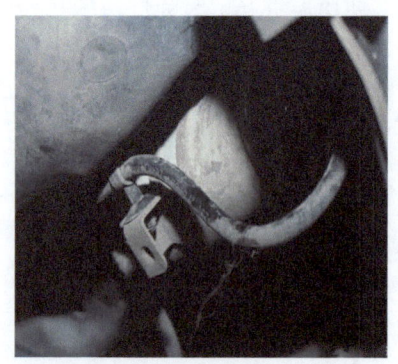

图 5-7　燃油滤清器的安装位置

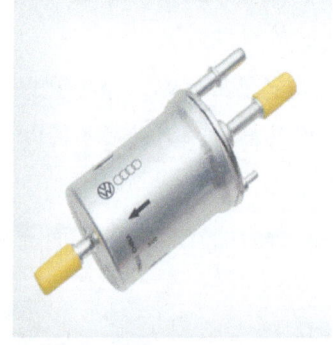

图 5-8　燃油滤清器外形

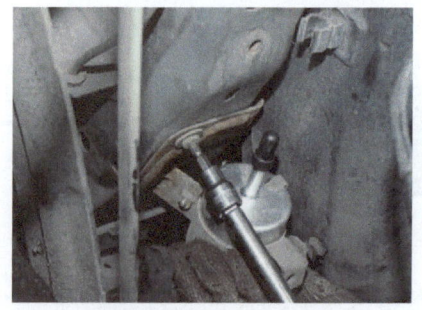

图 5-9　拆卸燃油滤清器

图 5-10　拆除燃油滤清器

⑥对比新的燃油滤清器是否和拆下来的型号一致，确认后安装新的燃油滤清器，注意方向确保其指向发动机，确认后就可以安装滤清器固定螺栓。

⑦接上输油管并安装燃油泵熔断器。

⑧重新连接电池盒，完成后就可以放低汽车。

⑨起动发动机并检查燃油泄漏情况。

（四）喷油器的保养

1. 喷油器清洗机的使用

常见的喷油器清洗机如图 5-11 所示，它是集喷油器清洗与检测为一体的喷油器清洗设备，具有喷油器清洗、喷油器雾化检测、喷油器流量检测和喷油器密封检测等功能。

（1）喷油器的清洗　喷油器长时间使用，由于汽油的清洁度和喷油器工作环境温度等因素影响，会在其内部或喷油口产生积炭，导致其滴漏（密封不严）、卡滞、雾化不良等现象，严重影响其正常工作。所以必要时，须对喷油器进行清洗。

喷油器清洗机，根据清洗方式方法不同分为超声波清洗、正向压力冲洗和反向压

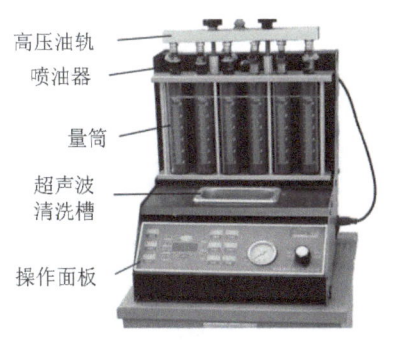
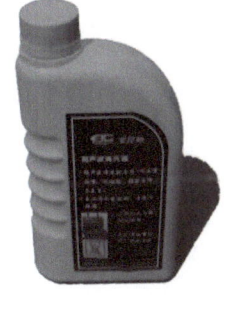

高压油轨
喷油器
量筒
超声波清洗槽
操作面板

a)　　　　　　　　b)

图 5-11　喷油器清洗机及清洗液

a）超声波喷油器清洗机　b）喷油器清洗液

喷油器的清洗与检测

力冲洗。

（2）喷油器检查　超声波喷油器清洗机除了对喷油器清洗外，还可以检查喷油器雾化、喷油量及泄漏情况。

① 喷油量检查。按选择键依次选择怠速测试、中速测试、高速测试、自动变速测试项进行模拟测试工作，压力保持在 0.25~0.30MPa。当液面达到量筒的 2/3 时按下停止键或暂停键，观测在不同工况下各喷油器的流量均衡性。一辆汽车上所有喷油器的喷油量偏差不应超过 2%。

② 喷油雾化检查和泄漏检查。按选择键依次选择怠速测试、中速测试、高速测试、自动变速测试项进行模拟测试工作，压力保持在 0.25~0.30MPa，观察各个喷油器的喷射雾化角情况，喷油器雾化角不应小于 15°。

喷油停止后，保持系统压力在 0.25~0.30MPa 之间，观察各个喷油器，在 1min 之内漏油量不应超过 2 滴。

2. 免拆洗喷油器清洗机

超声波清洗机虽然清洗比较干净，且具有检测功能，但操作起来比较麻烦，且由于操作不当而引起的系统泄漏会对汽车行车造成很大的安全隐患。故现在维修站在对喷油器清洗时，较多采用免拆清洗，如图 5-12 所示。

（五）燃油管路的保养

燃油管路在燃油系统中起到输送燃油的作用，当其出现变形或漏油等损伤时，会降低车辆行驶过程中的安全性和经济性，必须定期检查，如图 5-13 所示。

（六）发动机线束和插接器的保养

发动机线束和插接器的连接状况以及传感器和执行器的安装是否可靠，都关系到发动机的正常工作。在车辆维护过程中，必须对以上内容进行检查，并通过读取故障

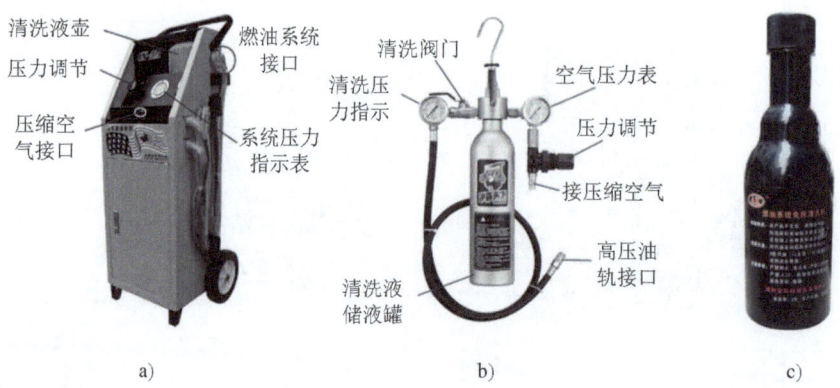

图 5-12 免拆清洗装置

a) 免拆清洗机 b) 悬挂式免拆清洗设备 c) 免拆清洗液

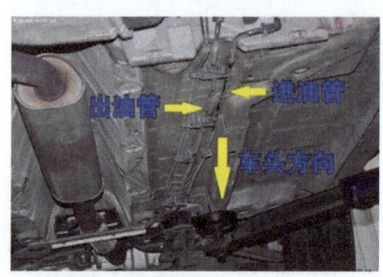

图 5-13 燃油管路布置图

码来判断车辆是否处于正常的工作状态。

三、决策

分组,各小组选出一名负责人,组员按负责人要求完成相关任务,根据任务内容制订喷油器的清洗与检测的工作计划,见表5-1。

表 5-1 决策表

序号	人员	任务
1		
2		
3		
4		
5		

四、计划

根据任务内容制订小组任务计划,简要说明任务实施过程的步骤及注意事项,并将计划内容等填入表 5-2~ 表 5-4 中。

表 5-2 燃油滤清器更换计划表

序号	工作步骤	工具／辅具	注意事项	操作人
1				
2				
3				
4				
5				
6				
7				
8				
9				
10				

表 5-3 燃油泵工作情况检查计划表

序号	工作步骤	工具／辅具	注意事项	操作人
1				
2				
3				
4				
5				
6				
7				

表 5-4　喷油器清洗计划表

序号	工作步骤	工具／辅具	注意事项	操作人
1				
2				
3				
4				
5				
6				
7				
8				

五、实施

按照计划步骤内容实施，记录实施结果在表 5-5、表 5-6 中。

表 5-5　燃油滤清器情况检查

序号	检查项目	结果	备注
1	泄压时所拔熔断器标号		
2	燃油滤清器的型号		
3	燃油泵继电器的标号及位置		

表 5-6　喷油器的清洗与检测

气缸序号	雾化情况	密封状况	气缸序号	雾化情况	密封状况
第一缸			第三缸		
第二缸			第四缸		
喷油量	第一缸 ____mL		第二缸 ____mL	第三缸 ____mL	第四缸 ____mL
备注					

六、检查

1. 自检

将自检结果填入表 5-7、表 5-8 中。

表 5-7 燃油滤清器更换自检表

序号	项目	结果
1	燃油滤清器的型号是否一致	是□ 否□
2	燃油滤清器管路连接是否正确	是□ 否□
3	管路连接是否牢固	是□ 否□
4	燃油泵熔断器是否放回原位	是□ 否□

表 5-8 喷油器清洗自检表

序号	项目	结果
1	各缸喷油器雾化情况是否一致	是□ 否□
2	各缸喷油器滴漏检测是否在标准范围内	是□ 否□
3	各缸喷油器喷油量误差是否在标准范围之内	是□ 否□

2. 互检

将互检结果填入表 5-9、表 5-10 中。

表 5-9 燃油滤清器更换互检表

序号	项目	结果
1	燃油滤清器的型号是否一致	是□ 否□
2	燃油滤清器管路连接是否正确	是□ 否□
3	管路连接是否牢固	是□ 否□
4	燃油泵熔断器是否放回原位	是□ 否□

表 5-10 互检表

序号	项目	结果
1	各缸喷油器雾化质量是否良好	是□ 否□
2	各缸喷油器密封状况是否良好	是□ 否□
3	各缸喷油器喷油量是否符合规定	是□ 否□

任务二　诊断仪的使用和电控系统的检查

一、任务解析

通过完成本任务，使学生了解汽车诊断仪的连接及工作原理，掌握运用汽车诊断仪对汽车电控系统检查及匹配的步骤与方法，了解汽车保养工人、技师岗位的基本要求。

二、资讯

1. 大众 V.A.G1552

现在的电控系统都具有检测系统自诊断的功能，并将故障内容以故障码的形式储存在电控系统中，方便维修人员根据其储存的故障内容对系统进行诊断。当维修人员在对这些故障信息调取时需用到专用的检测工具——诊断仪。大众 V.A.G1552 是专门针对大众公司电控系统生产的电控系统诊断仪器，如图 5-14、图 5-15 所示。它具有调取、清除故障码、查看分析数据流以及对各个控制单元进行匹配设定等功能。

图 5-14　大众 V.A.G1552 诊断仪

图 5-15　V.A.G1552 键盘

（1）V.A.G1552 的连接　首先打开驾驶人侧整车继电器盘的盖板，将 V.A.G1552 的十六针插脚连接在轿车的诊断插头上并打开点火开关，然后观察显示屏上的文字显示。此时，诊断仪默认进入操作模式 1，以下文字将被显示：

```
Rapid data transfer                                          HELP
Enter address word  × ×
```

快速数据传输	帮助
输入地址码 ××	

如果以上文字未被显示,应检查蓄电池电压及诊断插孔电压,电源电压不得低于10V。

(2)V.A.G1552 的功用

① 操作模式选择。连接诊断仪后,诊断仪默认进入操作模式 1——快速数据传递功能。如果此时按下诊断仪键盘上的"C"键(诊断仪键盘如图 5-15 所示),则诊断仪退回到操作模式选择菜单,如下显示:

1—Rapid data transfer	HELP
3—Self-test	4—Dealership number

1—快速数据传递	帮助
3—自检测	4—经销商编号

关于各个操作模式说明如表 5-11 所示。

表 5-11　V.A.G1552 操作模式说明

操作模式	操作模式说明
操作模式 1 (快速数据传递)	对车辆各个电控系统进行检测和匹配
操作模式 3 (自诊断)	进行诊断仪自诊断 模式菜单下按数字键 3 开始自诊断,步骤如下: ① 显示已安装程序版本号 ② 测试程序储存器,显示故障 ③ 对 K 和 L 导线的输入和输出状态进行测试 按"→"可结束自诊断
操作模式 4 (经销商代码)	为了给控制单元编码或进行数值的修正,必须在诊断仪中输入经销商代码,经销商代码输入后就不能更改了 模式菜单下按数字键 4 进入经销商代码项,进入后显示如下: Dealership number(经销商代码)　　HELP(帮助) 1—Display(显示)　　2—Enter(进入) ① 此时按数字键 1,则屏幕显示经销商代码,按"→"返回 ② 此时按数字键 2,可以输入经销商代码,正确输入完毕后,按 Q 键保存

② 快速数据传递。在诊断仪默认操作模式 1 下,先输入一个两位数的地址码。此两位数代表各个控制单元地址码,用来选择车辆的控制单元。如果此时按下"HELP"键,

控制单元地址码将依次出现在显示屏上。控制单元地址码如表 5-12 所示。

表 5-12　大众轿车控制单元地址码

地址码	系统名称（英文）	系统名称（中文）
01	Engine electronics	发动机电控系统
41	Diesel oil pump control	柴油泵控制系统
02	Automatic transmission control system	自动变速器控制系统
12	Clutch electronic system	离合器
03	Braking system	制动系统
14	Tire vibration and electronic system	电子控制悬架系统
24	Driving wheel slip control	驱动轮防滑电子控制系统
15	Airbag	安全气囊
26	Control the roof	电控车顶
17	Instrument panel control	仪表板电控
08	Air-conditioning / heating electronic system	空调 / 加热控制系统
00	Automatic test sequence	自动检测程序

在快速数据传递模式下，输入"00"，然后按 Q 键，诊断仪将对全车所有系统进行自动检测，并列出故障码。除此之外，可以根据需求选择相应的子系统进行诊断。

2. V.A.G1552 使用及故障码调取

在 V.A.G1552 系统默认操作模式 1（快速数据传递模式）下，输入不同的地址码可实现对不同系统进行诊断和设置。现在以帕萨特轿车发动机控制系统为例说明操作过程。

（1）控制单元编码及版本信息读取　连接诊断仪后在默认显示状态下键入地址码"01"，进入发动机控制系统，屏幕显示：

```
Rapid data transfer                                              Q
01—Engine electronics
```

```
快速数据传递                                                     确认
01—发动机电控系统
```

按 Q 键确认，按 C 键重新输入。按 Q 键后，诊断仪将建立与发动机电控系统之间的联系，显示屏上显示：

```
Rapid data transfer                                              Q
Tester sends address word  01
```

快速数据传递	确认
诊断仪传送地址码 01	

确认后，发动机控制单元以版本信息应答，出现如下显示：

06A 906018G1.6L R4/5V　Motor　299VXX	→
Coding 04000　　　　　　　　　　　　　　　　WSC 00001	

06A 906018G1.6L R4/5V　发动机 299VXX	→
编码 04000　　　　　　　　　　　　　　　　WSC 00001	

按"→"出现以下信息提示输入功能地址：

Rapid data transfer	HELP
Select function ××	

快速数据传递	帮助
选择功能 ××	

按下"HELP"键，功能菜单将依次滚动出现在显示屏上。功能菜单内容如表5–13所示。

表5–13　V.A.G1552功能菜单

组号	功能（英文）	功能（中文）
01	Query control version	查询控制单元版本
02	Fault storage content	查询故障储存内容
03	Final control diagnostic	最终控制诊断
04	Basic data set	基本数据设定
05	Erase fault memory	清除故障储存器
06	End output	结束输入
07	Code control unit	控制单元编码
08	Read measuring value block	读取测量数据块
09	Read individual measuring value block	读取单个测量值块
10	Adaptation	匹配
11	Sign in	系统登录

功能菜单显示完毕后，键盘输入"01"，然后按 Q 键确认，进入功能 1——查询控制单元版本，将出现以下显示：

| 06A 906018G1.6L R4/5V　Motor　299VXX | → |
| Coding 04000　　　　　　　　　　　　　　　WSC 00001 | |

| 06A 906018G1.6L R4/5V　发动机 299VXX | → |
| 编码 04000　　　　　　　　　　　　　　　WSC 00001 | |

其中，第一行显示"06A 906018G"是发动机控制单元版本号；1.6L 是发动机排量；R4/5V 代表直列 4 缸发动机，5 气门；299 是程序号；VXX 是数据版本号。

第二行：编码 04000 代表控制单元编码；WCS00001 是维修站代码。

浏览完毕，按"→"返回功能选择菜单。

（2）故障码的读取和清楚

① 读取故障码。在功能选择菜单下，键盘输入"02"，然后按 Q 键确认，进入功能 2——调取故障码，显示屏上首先出现的是故障码的数量，例如：

| 2 fault recognized | → |

| 查到了 2 个故障 | → |

按"→"键，显示各个故障码和它的文字说明，例如：

| Fault number：00513 | → |

| 故障码：00513 | → |

屏幕上首先显示的是故障码，再按一次"→"键文字说明就显示出来了（后面有 /SP 表示偶发性故障）。

| Engine speed Sensor——G28 | → |
| No reliable signal　　　　　　　　　　　/SP | |

| 发动机转速传感器——G28 | → |
| 无可靠信号　　　　　　　　　　　　　　/SP | |

再按一次"→"键进入显示下一个故障码。故障码显示完毕后按"→"键退回到功能选择菜单。

②清楚故障码。在功能选择菜单下,输入"05"后,按 Q 键确认,进入到功能 5—清除故障码,显示屏显示:

| Rapid data transfer | → |
| Fault memory is erased | |

| 快速数据传递 | → |
| 故障储存器被清除了 | |

按"→"键退回到功能选择菜单,再次输入"02"进入故障码调取功能,若故障码被清除,则屏幕显示:

| × Without recognized | → |

| × 无故障码 | → |

说明故障码已完全被清除。

(3)系统退出 发动机电控单元诊断完毕后,在功能选择菜单下,键入"06"后,按 Q 键确认。诊断仪退回到默认操作模式 1(数据快速传输菜单显示):

| Rapid data transfer | HELP |
| Enter address word ×× | |

| 快速数据传输 | 帮助 |
| 输入地址码 ×× | |

三、决策

分组,各小组选出一名负责人,组员按负责人要求完成相关任务,根据任务内容制订诊断仪使用和电控系统检查的工作计划,如表 5-14 所示。

诊断仪的使用及电控系统检查

表 5-14　决策表

序号	人员	任务
1		
2		
3		
4		
5		

四、计划

根据任务内容制订小组任务计划，简要说明任务实施过程的步骤及注意事项，并将计划内容等填入表 5-15 中。

表 5-15　计划表

序号	工作步骤	工具／辅具	注意事项	操作人
1				
2				
3				
4				
5				
6				
7				
8				

五、实施

按照计划步骤内容实施，记录实施结果在表 5-16 中。

表 5-16　电控系统检查项目表

发动机电控系统

| 版本号 | Coding _____ → | WSC _____ |

故障码：有□ / 无□

故障码	故障内容	故障码	故障内容

ESP/ABS 控制系统

| 版本号 | Coding _____ → | WSC _____ |

故障码：有□ / 无□

故障码	故障内容	故障码	故障内容

其他控制系统

故障码	故障内容	所属系统	备注

1. 自检

将自检结果填入表 5-17 中。

表 5-17　自检表

序号	项目	结果
1	诊断仪连接操作步骤是否正确	是□　否□
2	诊断仪是否能正确进入系统	是□　否□
3	是否可以利用诊断仪读取发动机故障码	是□　否□
4	是否可以利用诊断仪清除发动机故障码	是□　否□
5	是否了解故障码代表的故障内容	是□　否□
6	是否掌握正确退出诊断仪检测程序步骤	是□　否□

2. 互检

将互检结果填入表 5-18 中。

表 5-18 互检表

序号	项目	结果
1	诊断仪连接是否正确	是□ 否□
2	是否能够正确调取故障码	是□ 否□
3	是否能够清除故障码	是□ 否□

任务三　节气门的清洗及匹配

一、任务解析

通过完成本任务，使学生了解汽车节气门的结构、组成及工作原理，掌握汽车节气门清洗剂匹配的步骤与方法，了解汽车保养工人、技师岗位的基本要求。

二、资讯

1. 为什么要清洗节气门和进气道

电喷发动机在运行过程中，气缸内燃烧产生的废气，会有一小部分通过进气门、进气管道在节气门体处生成积炭。另外，空气经过空气滤清器（特别是使用时间较长的空气滤清器）后，会有杂质残留在节气门中。这些污物积累下来，时间长了就会在节气门体处形成污垢，造成节气门开关阻力增大、发动机怠速不稳，会出现加速无力、噪声大、费油、车抖等现象，因此需要清洗节气门。

现在比较常见的方法是免拆清洗。进气道免拆清洗设备及清洗液如图 5-16 所示。

2. 节气门的清洗与匹配

（1）节气门清洗　当节气门变脏后，发动机便会出现加速无力或抖动现象，此时

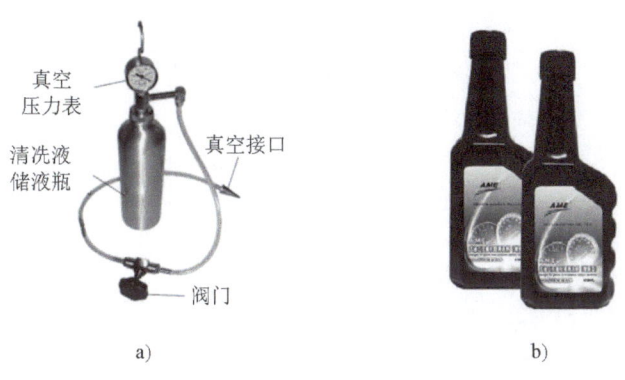

图 5-16　进气道免拆清洗设备及清洗液

a）进气道免拆清洗设备　b）进气道免拆清洗液

须对节气门进行清洗。清洗时应关闭点火开关，卸下进气管道，拔下电子节气门线束插头，并将节气门体从进气系统卸下，然后用节气门清洗剂将节气门体内部清洗干净，同时还应对节气门体的线束进行清理，如图 5-17 所示。

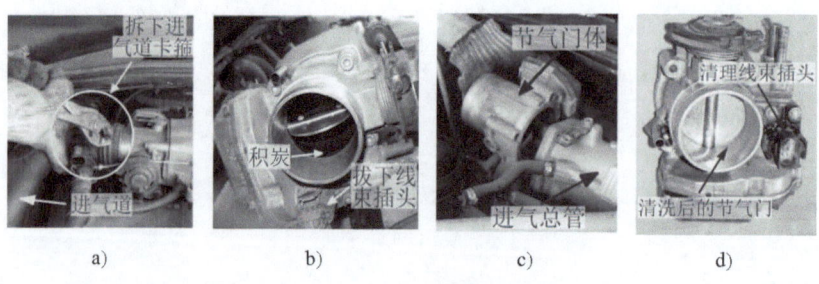

图 5-17　节气门拆卸及清洗

a）拆下进气管道　b）拔下节气门线束插头　c）拆下节气门体　d）清洗后的节气门

（2）节气门匹配条件及过程　在每次更换或清洗节气门后，必须进行基本设置对节气门进行匹配，使其能够完成怠速控制。节气门匹配需在以下条件下进行：

①故障储存器中无故障码；

②发动机冷却液温度不得低于 80℃；

③关闭所有的用电器设备（散热器风扇在检测时必须关闭）；

④关闭空调；

⑤变速杆在空档或 N 档位置。

节气门匹配方法如下：

连接诊断仪，并在默认快速数据传输模式下键入"01"地址码，进入"发动机控制单元"，出现如下显示：

06A 906018G1.6L R4/5V　Motor　299VXX	→
Coding 04000	WSC 00001

06A 906018G1.6L R4/5V　发动机 299VXX	→
编码 04000	WSC 00001

按"→"键后显示：

Rapid data transfer	HELP
Select function × ×	

快速数据传递	帮助
选择功能 ××	

键入"04"选择"基本数据设定"功能,然后按 Q 键,出现如下显示:

Basic setting	HELP
Feed in display group number	
×××	

基本设置	帮助
输入显示组别号码 ×××	

键入组号"098"后,按 Q 键确认,显示屏出现如下显示:

System in basic setting 98	→
x.×××V x.×××V	Idling ADP .runs

系统基本设置 98	→
x.×××V x.×××V	怠速 ADP．运行

此时,节气门调节器进入应急运行、怠速运行及部分负荷位置运行,控制单元将最大及最小的节气门位置储存到永久性储存器中,该过程持续最多 10s,紧接着节气门短时间处于全开位置,然后关闭。基本设置完成后,显示:

System in basic setting 98	→
x.×××V x.×××V	Idling ADP .ok

系统基本设置 98	→
x.×××V x.×××V	怠速 ADP .ok

基本调整结束后,退回功能选择菜单,键入"06",进入结束输入功能,按 Q 键退出发动机控制系统。

三、决策

分组,各小组选出一名负责人,组员按负责人要求完成相关任务,根据任务内容制订节气门清洗剂匹配的工作计划,如表 5-19 所示。

表 5-19　决策表

序号	人员	任务
1		
2		
3		
4		
5		

四、计划

根据任务内容制订小组任务计划，简要说明任务实施过程的步骤及注意事项，并将计划内容等填入表 5-20 中。

表 5-20　计划表

序号	工作步骤	工具／辅具	注意事项	操作人
1				
2				
3				
4				
5				
6				
7				
8				

五、实施

按照计划步骤内容实施，记录实施结果在表 5-21 中。

表 5-21　进气道、节气门清洗及节气门匹配表

进气道及节气门清洗			
实训项目	实训内容	实训结果	备注
免拆清洗	取真空接口		
	真空压力	_____MPa	
免拆清洗步骤			

实训项目	实训内容	实训结果	备注
节气门清洗	节气门积炭	严重□ / 轻微□ / 顽固□	
	线束插头	轻微氧化□ / 锈蚀□ / 破损□	
	进气管路连接	存在漏气□ / 状态良好□	
节气门拆装步骤			

节气门匹配		
发动机控制单元版本号	_____→	
	Coding_____	WSC_____
匹配步骤		

六、检查

1. 自检

将自检结果填入表 5-22 中。

表 5-22　自检表

序号	项目	结果	
1	操作步骤是否正确	是□	否□
2	诊断仪连接线是否连接好	是□	否□
3	点火开关是否打开	是□	否□
4	故障指示灯是否存在	是□	否□
5	是否清除故障码	是□	否□
6	节气门拆卸步骤是否正确	是□	否□
7	进气道清洗步骤是否正确	是□	否□
8	节气门匹配步骤是否正确	是□	否□
9	发动机怠速是否平稳	是□	否□

2. 互检

将互检结果填入表 5-23 中。

表 5-23　互检表

序号	项目	结果	
1	诊断仪使用是否正确	是□	否□
2	清洗方式是否正确	是□	否□
3	节气门是否可以匹配成功	是□	否□
4	发动机怠速是否平稳	是□	否□

3. 终检

将终检结果填入表 5-24 中。

表 5-24　终检表

序号	项目	结果	
1	各组是否都按时完成工作	是□	否□
2	工具、设备是否归位	是□	否□

七、评估应用

对照项目确认表 5-25 中的项目内容，检查评估车辆控制系统的维护与匹配工作项目，并根据实际操作内容完成表 5-25 的填写。

表 5-25　车辆控制系统的维护与匹配表

序号	问题	可能原因	后果	避免措施
1	连接	连接是诊断插头没有插好		
2	诊断	诊断时仪表盘出现故障指示灯		
		诊断时故障码无法清除		
3	节气门清洗	清洗时没戴手套		
		积炭未清除干净		
4	节气门匹配	未按要求进行节气门匹配		

项目六

车身及附件的维护与保养

➜ 项目导入

一辆帕萨特轿车，行驶 25 000km，到 4S 店做保养。做完发动机舱内保养后，其他保养项目基本完毕，做最后的清洁和外观检查。

- 车　　型：帕萨特，1.8T。
- 年　　款：2005 年 1 月。
- 行驶里程：25 000km。
- 变速器：手动。

➜ 学习内容

- 轿车车身的清洁和检查。
- 车身附件及车内附件的检查。

➜ 学习目标

- 能够正确对车辆进行清洁、清洗。
- 能够准确找到车辆外部损伤部位。
- 能够顺利完成对车锁、限位器等车辆附件的拆装、维护或更换。

→ 项目实施

任务一　车身清洁及外观附件的检查与维护

一、任务解析

通过完成本任务，使学生了解汽车清洗设备的功能及使用方法，掌握正确的清洁车身并对车身附件进行检查和维护的步骤与方法，了解汽车保养工人、技师岗位的基本要求。

二、资讯

1. 洗车机的使用及车身清洁

（1）车辆清洗设备的使用方法　目前使用较为广泛的车辆清洗设备是柱塞式高压喷水清洗机，如图6-1所示。使用时，打开位于清洗机上的防水开关，通过旋转高压水枪喷水口来调节喷水压力和形状。如图6-2所示。

图6-1　高压清洗机

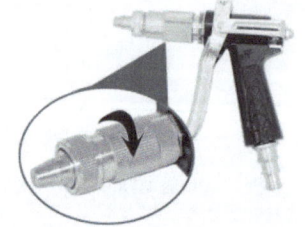

图6-2　高压水枪枪头及压力调节方法

（2）车身的清洁　车辆清洁时，应遵循从上到下、从前到后、从外到内的顺序进行清洗，清洗步骤如下：

①准备：首先打开车门将车辆内部脚垫取出，注意不要让泥土落入车内，完毕后，取出钥匙，并关紧车门并检查车门玻璃是否完全升起。

②冲洗：调节好水压及形状，冲洗时按照由上到下，由前及后的顺序对车辆进行清洗。清洗时，保持与车辆0.5~1m的距离，注意水枪与车辆漆面之间呈30°~60°夹角，避免正面冲洗损伤漆面。

③打泡沫和擦洗：冲洗完毕后，开始打泡沫，泡沫要均匀并遵循由远及近的顺序

（以泡沫机位置为标准），然后用海绵或羊毛手套由上到下擦洗一遍。无泡沫机时也可用海绵蘸洗洁精水将车身按冲洗顺序擦洗一遍。

④再冲洗：按照步骤②的操作将车辆重新冲洗一遍，直到无泡沫。

⑤擦水、吹水：两人配合先用大号无毛纯棉毛巾将发动机罩、车顶及行李舱盖上的水拖一遍，然后再迅速将车身侧面的水拖一遍。然后用中号毛巾迅速擦干车表面，并用吹尘枪将车辆流水槽、后视镜、门把手等易存水处的水吹出并擦干净。

⑥刷轮胎：用刷子将四个轮胎刷一遍。

⑦冲脚垫：用高压水枪和刷子将脚垫冲洗或刷洗干净并凉至一旁。

⑧清洗内饰：可用泡沫清洗剂刷洗内饰并用吸尘器将内饰尘土吸出（视情况而定）。

2. 检查车身

目视检查车辆外观和整洁度。绕车一周，目视检查车辆外部整洁度和形状，主要检查项目有：车身表面有无凹陷、划痕、油漆剥落等现象，塑料件是否变形、损坏或安装不到位，车轮轮圈是否损坏，玻璃车窗是否有裂纹等，如图6-3及图6-4所示。

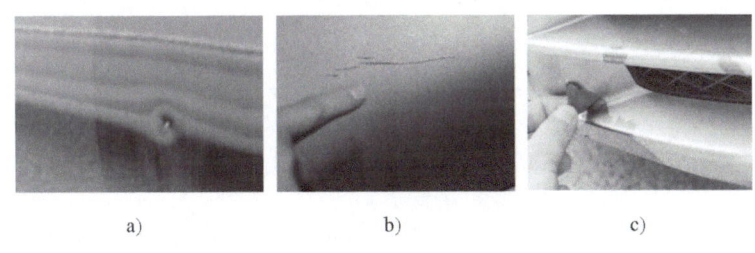

图 6-3　车身表面缺陷
a）凹陷　b）划痕　c）车漆剥落

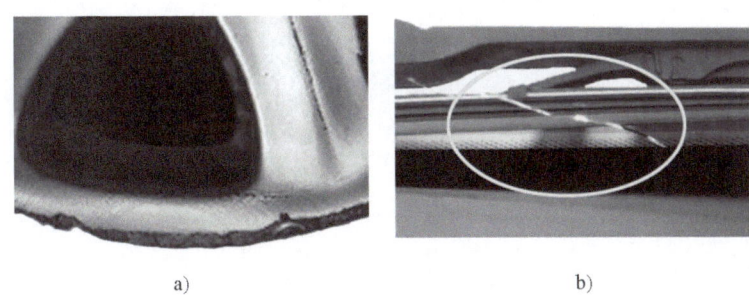

图 6-4　车身检查其他项目
a）轮圈损坏　b）玻璃裂纹

车身表面的凹陷，可以采用传统的方式，先平整打磨，然后喷漆进行修复，也可以采用目前较为流行的漆面无损整形技术进行修复，二者的价格相差不多，但是后者较前者的优点是不需要对原有的漆面进行破坏。原厂漆是经过200℃高温进行烘烤而成型的漆面，漆面硬度高，抗划痕和抗蚀性能好；而人工喷漆烘烤温度最高不过80℃，漆面硬度远不如原厂漆。所以在可以不破坏原有漆面的基础上直接进行平整修复要更有优势。车身划痕的问题要根据划痕的深浅程度而定，如果是轻微的划痕，用塑料或者橡胶刮片在垂直于划痕的方向反复的移动刮片，如果没有发卡的感觉，说明漆面是可以经过抛光处理的。如果有明显的沟壑的感觉，那么就要重新进行修复喷漆了。

玻璃裂纹，对于裂纹较短（长度在10cm以下）、没有分叉的情况，是可以进行填胶修复的，修复后的玻璃不影响使用，而且也不影响美观，但是仍有一定的痕迹。玻璃呈现点状破损，如果破损点的面积小于一元硬币的大小是完全可以填胶修复的，而且修复后的玻璃基本看不出炸点。但若想完全没有痕迹，并让玻璃恢复原有的强度，还是需要进行更换的。

对于车轮损伤，除了更换新的车轮以外，目前市场上有很多种修复车轮的方法，不论车轮是失圆、破损、划伤都可以进行修复，而且修复后的车轮基本与新车轮无异。

以上车身表面凹陷面喷漆整形的技术、玻璃裂纹修复技术、车轮损伤修复技术有一个共同的特点，那就是节省材料及成本，因此对此类技术市面上有了新的名称，叫作"低碳修复"。这个名字蕴含环保的意思，也是目前市场上主流的修复方式。今后汽车售后服务市场还会不断地涌现出新的技术。

三、决策

分组，各小组选出一名负责人，组员按负责人要求完成相关任务，根据任务内容制订车身清洁及外观、附件的检查与维护的工作计划，如表6-1所示。

表6-1 决策表

序号	人员	任务
1		
2		
3		
4		
5		

四、计划

根据任务内容制订小组任务计划，简要说明任务实施过程的步骤及注意事项，并

将计划内容等填入表 6-2 中。

表 6-2 计划表

序号	工作步骤	工具／辅具	注意事项	操作人
1				
2				
3				
4				
5				
6				
7				
8				

五、实施

按照计划步骤内容实施，记录实施结果在表 6-3 中。

表 6-3 车身外观检查与维护表

检查项目		检查情况	备注
车身检查	凹陷	有□／无□	
	刮痕	有□／无□	
	车漆剥落	有□／无□	
	铁锈	有□／无□	
玻璃裂纹		有□／无□	
轮毂		有□／无□	

六、检查

1. 自检

将自检结果填入表 6-4 中。

表 6-4　自检表

序号	项目	结果
1	车身是否有凹陷	是□　否□
2	车身是否有刮痕	是□　否□
3	车身是否有车漆剥落	是□　否□
4	车身是否有锈蚀	是□　否□
5	车窗玻璃是否有裂纹	是□　否□
6	轮毂是否有损坏	是□　否□

2. 互检

将互检结果填入表 6-5 中。

表 6-5　互检表

序号	项目	结果
1	车辆清洗是否合格	是□　否□
2	洗车时是否互相配合	是□　否□
3	车辆门窗是否关闭，车内有无水迹	是□　否□

任务二　　车身附件检查

一、任务解析

通过完成本任务，使学生了解轿车车身附件的结构、组成及工作原理，掌握轿车车身附件检查与保养的步骤与方法，了解汽车保养工人、技师岗位的基本要求。

二、资讯

1. 检查车身附件

①首先打开从外侧拉住门把手不断地打开、关闭车门，检查车门锁是否存在卡滞、损坏或关闭不严现象。

②将车门打开后，分别使其停留在半开、全开位置，检查限位器工作是否可靠。

③将车门开到最大，检查车门合页是否锈蚀。

④分别打开行李舱盖、油箱盖和发动机罩，检查行李舱锁、门锁和发动机罩锁是否正常。

2. 对车门的限位器、车锁等分别进行润滑

使用手动润滑脂枪（图6-5）分别对车门的限位器、门锁和行李舱锁及发动机舱锁进行润滑，如图6-6及图6-7所示。

图6-5　手动润滑脂枪

图6-6　检查并润滑车门锁和限位器　　图6-7　检查并润滑行李舱锁

3. 顶窗系统检查

汽车顶窗安装于车顶，能够有效地使车内空气流通，增加新鲜空气的进入，为乘员带来健康、舒适的享受。汽车顶窗还可以开阔视野，增加车内光照。汽车顶窗可大致分为：外滑式、内藏式、内藏外翻式、全景式和窗帘式等。顶窗系统由顶窗玻璃、玻璃导轨、顶窗电动机、遮光板、排水管等组成，如图 6-8 所示。

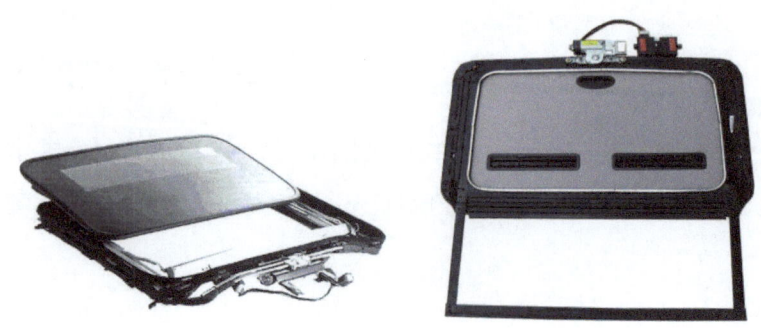

图 6-8　顶窗系统

随着人们对车辆舒适度要求的提高，顶窗系统作为轿车的舒适配置，现在已经逐渐普及。长时间的使用车辆后，需要对顶窗系统进行适当的检查和保养。顶窗的检查保养主要包括以下几个项目：

（1）检查顶窗玻璃有无破裂。

（2）检查顶窗玻璃密封条有无破损。

（3）检查顶窗内遮阳板滑动是否自如。

（4）检查顶窗开关转动或扳动是否灵敏。

（5）检查顶窗打开和关闭时是否畅通无阻，电动机的运转是否灵活。

（6）对顶窗进行淋水试验。

（7）顶窗滑道的保养。

具体操作步骤如下。

①仔细观察顶窗玻璃表面有无划痕，如果发现划痕，可以用塑料刮片沿垂直划痕方向滑动刮片，体会一下是否有发卡的感觉，如果有说明玻璃有划痕出现，如果没有则证明该处划痕可以用专用溶剂擦拭干净。

②检查顶窗玻璃密封条时，要仔细的沿着密封条安装的位置，顺着顶窗一圈进行检查，发现密封条如果有撕裂、断开或者老化发黏的现象，应该及时更换新的密封条，以免雨天顶窗漏水或者胶条老化腐蚀顶窗周围车漆，如图 6-9 所示。

③进入驾驶室内，用手前后滑动顶窗遮阳板，感觉遮阳板的滑动情况，如果有卡

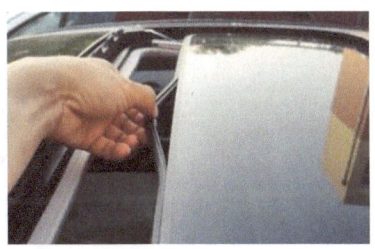

图 6-9　顶窗密封条破损

滞等现象，说明遮阳板轨道有异物或者遮阳板内侧安装轴部有断裂情况发生，此时应该拆开棚顶内室进行检查，如图 6-10 所示。

图 6-10　顶窗轨道异物

④一般来说顶窗开关都是旋钮式或者扳钮式，如果是旋钮式顶窗开关，在检查时可以通过通电旋转的方法进行实际的测试，但是切记旋转速度不要过快，因为顶窗电动机的工作有一个响应时间，如果过快地旋转旋钮，电动机就会无法判断是打开还是关闭，导致电动机正反转频率过快，产生大量的热，进入到自保护状态，长时间如此会损坏电动机。如图 6-11 所示。

a)　　　　　　　　　　　　　　　b)

图 6-11　天窗控制开关

a）按钮式天窗控制天关　b）旋钮式天窗控制天关

⑤通过顶窗玻璃的一次打开和关闭，检查顶窗工作的连续性是否良好，如果顶窗在打开或者关闭过程中出现顿挫式的运动，则应该注意滑道内部是否过脏或者存有异物了。

⑥正常的顶窗不是绝对的密封的，当外界环境雨水量较大的时候顶窗密封条可以阻挡绝大部分的水，但是如果顶窗密封条附近经常存水（例如冬季冰雪覆盖在汽车棚顶），或者是连续降雨，仍有一定量的雨水会流进顶窗排水槽，如图 6-12 所示。

a)　　　　　　　　　　　　　　b)

图 6-12　顶窗排水系统

a）天窗排水系统安装位置　b）排水孔

因此，顶窗系统在设计的时候就已经考虑到此类问题，在顶窗的两侧滑道的顶端的拐角处设有导水管，水管会将从密封条边缘渗入的水引导至车辆的前风窗玻璃和后风窗玻璃的流水槽处，然后顺着车身排走，其间的导管是穿过 A 柱和 C 柱，然后从风窗下方车身处的小孔穿出。这个导水管截面较细，如果顶窗长时间不使用，内部的灰尘再加上雨水的冲刷就会导致"和泥"的现象，堵住导水管，因此，疏通此段导水管十分必要，如图 6-13 所示。

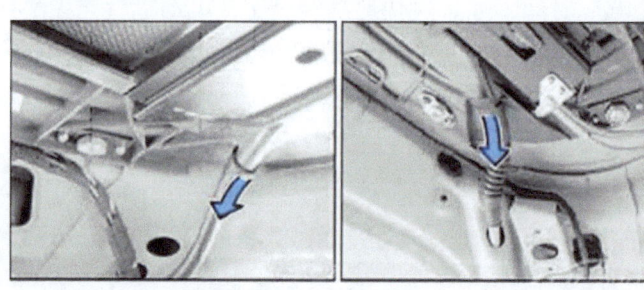

图 6-13　顶窗排水管安装位置

⑦最后要定期给顶窗滑道进行保养工作及给顶窗滑道润滑，润滑时切忌不要使用润滑脂，因为润滑脂是黏稠的膏状物质，容易粘上灰尘和颗粒导致顶窗玻璃在滑动时遇到异物阻碍玻璃的滑动，另外由于雨水的冲刷也会令润滑脂变得较脏堵住滑道。

4. 前、后照明灯的检查

汽车前、后照明灯具的安装配合着整个车身的线条与尺寸。前照灯的安装是否到位直接决定着发动机罩与翼子板之间的缝隙是否一致，甚至决定前保险杠能否准确地安装。后照明灯也是如此。目前所见到的绝大多数汽车的前、后照明灯的灯罩都是采用高强度树脂材料制成的，这种材料具有耐高温、耐撞击、不易损伤、密封性好、透光性好等诸多优点，因此被普遍采用到各个车型当中。灯具长时间使用，其表面难免会有一些划痕出现，因此在检查前照灯时，首先要检查灯罩表面是否有划痕存在。由于树脂材料可以进行抛光和打磨处理，对于轻微的划痕是可以用普通的汽车抛光蜡进行处理的，但是较深的划痕就需要使用专业的修复工具进行修复了，如图 6-14 和图 6-15 所示。

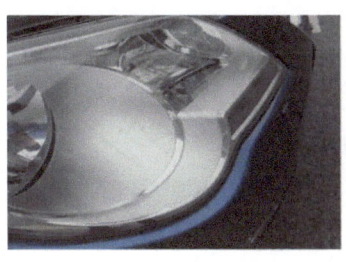

a) b)

图 6-14 前照灯划痕损伤

a）前照灯轻微划痕 b）前照灯大面积划痕

a) b)

图 6-15 前照灯修复对比

a）划痕修复前 b）划痕修复后

其次，检查前照灯同时要注意灯具的安装孔处是否有断裂破损现象。如果只是安装孔损伤并不影响灯具的使用，只是可能影响了美观，但是如果损坏面积较大，导致内部漏气，这就可能导致灯具内部进入灰尘或者雨天进水的可能，这种情况就建议尽量更换新的灯具总成，以免影响行车的安全或者电路的安全。后照明灯也是如此，如图 6-16 所示。

最后，我们要对前照灯的灯光束投影的高低进行检查和校正。要求近光灯照亮范围要大（大约在 160° 的范围内），照射距离短，照亮汽车前方偏左距车头 30~40m 的位置；左前灯要求直射，右前灯要求向左侧偏几度，照亮驾驶人视线的正前方。照亮高度大约在离地 1m 的高度上。而远光灯则光线较为集中，亮点大，可以照射到更高更远

图 6-16 前照灯

a）前照灯安装座断裂　b）前照灯壳体破裂

的地方（照射距离根据大灯材质不同会有差异）。可视距离在 150~200m，效果最佳距离在 45m 左右，超过 50m 会变得模糊。前照灯的调节如图 6-17、图 6-18 和图 6-19 所示。

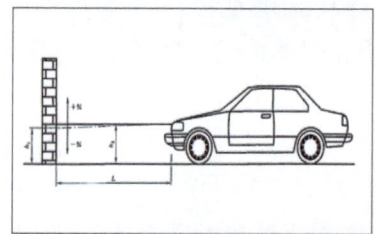
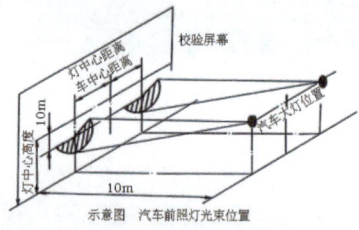

图 6-17 前照灯灯光参数调节

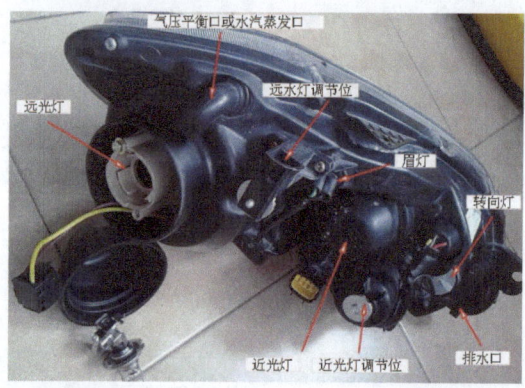

图 6-18 前照灯调节位示意图

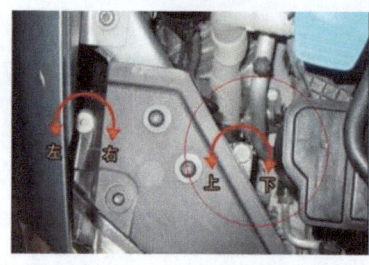

图 6-19 前照灯调节方法示意图

a）灯光调整方法　b）调整位置

三、决策

分组,各小组选出一名负责人,组员按负责人要求完成相关任务,根据任务内容制订车身附件及车内附件检查的工作计划,如表 6-6 所示。

表 6-6 决策表

序号	人员	任务
1		
2		
3		
4		
5		

四、计划

根据任务内容制订小组任务计划,简要说明任务实施过程的步骤及注意事项,并将计划内容等填入表 6-7 中。

表 6-7 计划表

序号	工作步骤	工具/辅具	注意事项	操作人
1				
2				
3				
4				
5				
6				
7				

五、实施

按照计划步骤内容实施,记录实施结果在表 6-8 中。

表 6-8　车身附件及车内附件检查表

检查维护		检查情况	处理措施	备注
车锁检查	左前	正常□ / 卡滞□ / 其他□	已维护□ / 无需维护□	
	左后	正常□ / 卡滞□ / 其他□	已维护□ / 无需维护□	
	右前	正常□ / 卡滞□ / 其他□	已维护□ / 无需维护□	
	右后	正常□ / 卡滞□ / 其他□	已维护□ / 无需维护□	
行李舱锁		正常□ / 卡滞□ / 其他□	已维护□ / 无需维护□	
发动机舱锁		正常□ / 卡滞□ / 其他□	已维护□ / 无需维护□	
油箱锁		正常□ / 卡滞□ / 其他□	已维护□ / 无需维护□	
限位器		正常□ / 不能限位□	已维护□ / 无需维护□	
合页		正常□ / 松动□ / 锈蚀□	已维护□ / 无需维护□	
顶窗		正常□ / 卡滞□	已维护□ / 无需维护□	
灯具	外观	正常□ / 破损□	已维护□ / 无需维护□	
	光线 远光	正常□ / 偏高□ / 偏低□	已维护□ / 无需维护□	
	光线 近光	正常□ / 偏高□ / 偏低□	已维护□ / 无需维护□	

六、检查

1. 自检

将自检结果填入表 6-9 中。

表 6-9　自检表

序号	项目	结果
1	车门车锁工作是否正常	是□　否□
2	行李舱锁工作是否正常	是□　否□
3	发动机舱锁工作是否正常	是□　否□
4	油箱锁工作是否正常	是□　否□
5	车门限位器工作是否正常	是□　否□
6	车门合页工作是否正常	是□　否□
7	顶窗滑动是否正常	是□　否□
8	顶窗排水是否正常	是□　否□
9	灯光照明是否正常	是□　否□

2. 互检

将互检结果填入表 6-10 中。

表 6-10　互检表

序号	项目	结果
1	实训车辆是否恢复	是□　否□
2	实训工位是否清洁	是□　否□
3	实训工具是否缺损	是□　否□

3. 终检

将终检结果填入表 6-11 中。

表 6-11　终检表

序号	项目	结果
1	检查有无漏项	是□　否□
2	检查的结果是否正确	是□　否□
3	车身附件工作是否正常	是□　否□

七、评估应用

对照项目确认表 6-12 中的项目内容，检查车身及附件的维护与保养工作项目，并根据实际操作内容完成表 6-12 的填写。

表 6-12　车身及附件的维护与保养确认表

序号	项目	结果
1	车辆清洗是否干净	是□　否□
2	有无碰坏车漆现象	是□　否□
3	车身是否有凹陷	是□　否□
4	轮毂是否有损伤	是□　否□
5	门锁、行李舱锁、发动机舱锁、油箱锁工作是否正常	是□　否□
6	车门限位器、车门铰链工作是否正常	是□　否□
7	顶窗工作是否正常	是□　否□
8	前照灯远近光工作是否正常	是□　否□

任务三　车内附件检查

一、任务解析

通过完成本任务，使学生了解轿车车内附件的结构、组成及工作原理，掌握轿车车内附件检查与保养的步骤与方法，了解汽车保养工人、技师岗位的基本要求。

二、资讯

1. 座椅调整检查

用手搬动座椅下方的活动杆，前后移动，检查座椅是否移动自如。还应检查座椅靠背是否能够前后摆动，如图6-20所示。

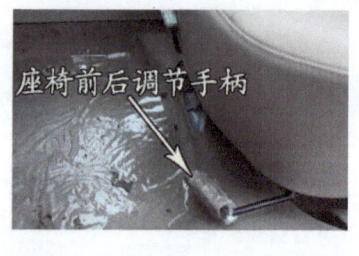

a)　　　　　　　　　　　　　　　　b)

图6-20　座椅调节

a）座椅靠背调节手柄　b）座椅前后调节手柄

若是电动座椅调节装置，则应检查各个方向上电动机的运行情况，以及座椅靠背、腰部支撑的运动情况，同时个别车辆还有座椅位置记忆功能，检查该功能是否有效，如图6-21所示。

2. 安全带的检查

安全带是行车过程中被动安全的重要保障，保养时，应对车辆的所有安全带的收紧功能进行检查，如图6-22所示。

a)　　　　　　　　　　　　　b)

图 6-21　电动座椅调节

a）带电动调节的座椅　b）带记忆功能的座椅调节按钮

3. 杂物箱检查

打开、关闭杂物箱盖，检查杂物箱开启和关闭是否正常，如图 6-23 所示。

图 6-22　检查安全带　　　　　图 6-23　检查杂物箱状态

4. 安全气囊的检查

安全气囊是为了减少汽车发生碰撞时所产生的巨大的惯性力对驾驶人和乘员所造成的伤害程度的被动安全系统。一般情况下，汽车用安全气囊在车内有多个安装位置和多种形式。按气囊的数量，可分为单气囊、双气囊和多气囊系统。按保护对象不同可分为驾驶人安全气囊、前排乘员安全气囊、后排乘员安全气囊、侧面安全气囊（又称侧气帘）等。所有气囊的安装位置如图 6-24 所示。

（1）驾驶人安全气囊检查　检查转向盘中心装饰盖与转向盘轮辐间的缝隙是否一

图 6-24　全车安全气囊的安装位置

致,如果不一致,可以重新安装,如果重新安装仍有缝隙不均匀,则可基本断定是转向盘变形所致,此时应建议更换转向盘,如图 6-25 所示。

a)   b)

图 6-25 驾驶人安全气囊

a）驾驶人气囊安装位置 b）缝隙检查

（2）前排乘员安全气囊的检查 前排乘员安全气囊一般都放置在乘员座椅正前方杂物箱之上,一般情况下都采用隐藏式安装,即在仪表台壳体表面我们是看不到安装的痕迹的,但是在仪表台壳体上会有一个位置印有 SRS 或者 AIRBAG 的字样,这就代表是安全气囊的意思。但仍有个别车辆是可以单独拆装的,比如帕萨特 B5 车型就是前排乘员安全气囊可以单独安装。对于前排乘员安全气囊的检查,主要是看仪表台壳体安全气囊处有没有变形、鼓包等现象,如图 6-26 所示。

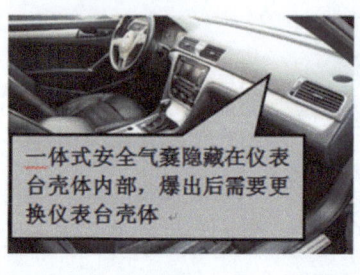 

a)   b)

图 6-26 前排乘员安全气囊

a）全新帕萨特前排乘员安全气囊 b）帕萨特 B5 前排乘员安全气囊

（3）座椅安全气囊及侧面安全气囊的检查 检查驾驶人座椅靠背的左侧和前排乘员座椅靠背的右侧安全气囊,检查座椅靠背是否套有不符合规格的座椅套和座椅靠垫,因为这些靠垫的安装很可能阻碍座椅安全气囊的展开轨迹,因此在前排座椅标有 SRS 或 AIRBAG 的织物处上下各 10cm 的范围内尽量不要安装座椅靠垫的捆绑带,以保证行车安全,如图 6-27 所示。

检查左右 A、B、C 柱内装饰板及侧门上框内装饰扣板,在某些车辆的 A、B、C 柱

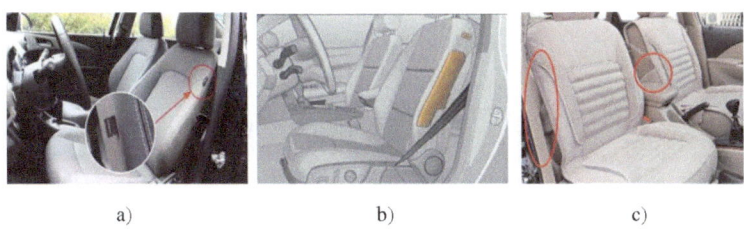

图 6-27　座椅安全气囊

a）座椅安全气囊标识　b）座椅安全气囊的安装位置　c）座套挡住气囊展开面

内装饰板上也会标有 SRS 或 AIRBAG，这些位置也是安装有安全气囊的，其作用是保护车内人员安全，减轻在车辆遭受侧面外力撞击时造成的人员伤害程度，如图 6-28 所示。检查这些装饰板时应注意装饰板的安装是否到位，有没有卡死、安装不到位或者错误安装情况发生，防止侧面安全气囊在爆炸时由于人为原因无法弹出。侧气帘的安装和整体展开图如图 6-29 所示。

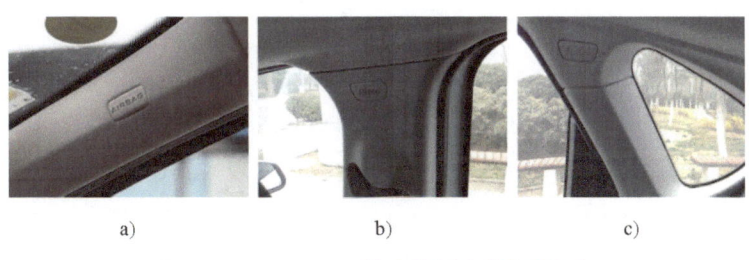

图 6-28　A、B、C 柱内饰板安全气囊标识

a）A 柱标识　b）B 柱标识　c）C 柱标识

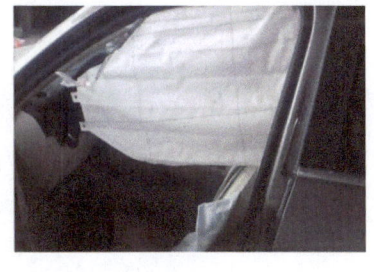

图 6-29　侧气帘

a）侧气帘安装位置　b）侧气帘爆开图

5. 中央控制台、组合仪表、组合开关和多功能转向盘的检查

中央控制台是信息娱乐系统的安装和控制中心，车辆的音响系统按键、空调按键、蓝牙开关等多种控制按键都要集中在此区域，因此对中央控制台的检查就尤为必要。具体检查项目包括按键灵敏度和舒适度检查，这里主要检查按键功能是否有效，按键

有无卡滞、脱落等现象，如图 6-30 所示。

组合仪表的功能是显示各种行车参数信息，例如瞬时油耗、平均油耗、行驶里程、剩余燃油量等信息，当然还有转速表、里程表、燃油表，以及各种故障警报灯，这些都集成在现代化的组合仪表当中。在检查组合仪表时主要注意仪表的外壳有无破裂、指针有无掉落、各警报灯是否可以正常工作等信息，如图 6-31 所示。

图 6-30　中央控制台　　　　　图 6-31　组合仪表

组合开关主要负责左右转向灯的点亮、远近光灯的切换、雾灯的开启、刮水器的工作以及部分车辆的定速巡航功能，如图 6-32 所示。检查时，需要注意组合开关扳手是否有断裂、没有档位、发卡等现象，如果有上述现象应及时更换新的组合开关，以免影响正常行车。

多功能转向盘是现代汽车的舒适性配置，它是将部分中央控制台的功能集成在转向盘上，提高了行车时的安全性。如对音量可以起到调节作用，同时可以进行蓝牙电话的控制、切换歌曲的播放进度等。当然多功能转向盘最主要的任务是对组合仪表上的可视化菜单信息进行选择和确认，诸如清除保养提示、设定冬季轮胎行车最高车速报警、查看车辆当前信息等多种操作，如图 6-33 所示。

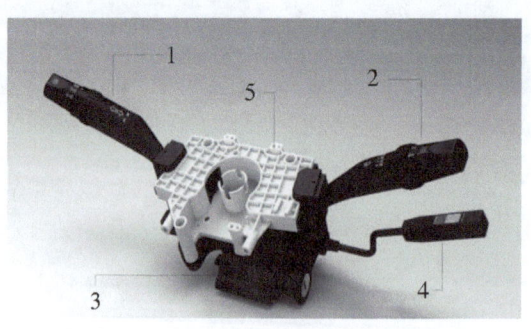

图 6-32　组合开关图解

1—灯光组合开关　2—刮水器组合开关　3—点火开关
4—缓速器开关　5—组合开关安装支架（含喇叭铜柱）

图 6-33　多功能转向盘

6. 空调出风口的检查

空调出风口是驾驶室内空气循环流通的重要部位，出风口一般都会向上下、左右方向调整。根据车型的不同，空调出风口的外观样式也有所不同，例如圆形、方形和异形等，具体样式如图 6-34 所示。

图 6-34　出风口形式

但是出风口的位置基本上都是固定的：有前风窗玻璃出风口（图 6-35）、左右车窗玻璃出风口（图 6-36）、中央面部出风口（图 6-37）、侧出风口（图 6-38）、腿部出风口，中高档车还有后排乘员出风口（图 6-39），个别高档车还有座椅通风装置。出风口调节钮如图 6-40 所示。

对于出风口的检查，主要检查出风口有无破裂情况，调节按钮有无卡滞现象，以及出风口是否能够流畅的送风。图 6-41 所示为出风口隔栅破损。

根据车型不同，出风口控制面板也会有各种显示样式，但国内大部分车辆都采用

图 6-35　前风窗出风口

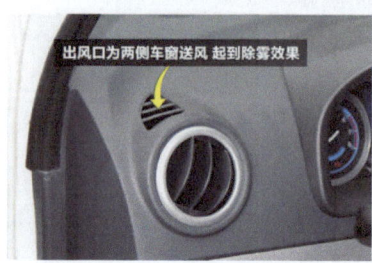 

图 6-36　左右车窗出风口

图 6-37　中央面部出风口　　　图 6-38　侧出风口

图 6-39　后排乘员出风口　　　图 6-40　出风口调节钮

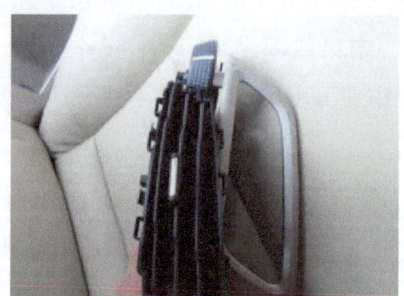

图 6-41　出风口隔栅破损

固定方式调整,即风窗单独吹风、前排人员面部单独吹风、前排乘员脚部单独吹风、腿部及前风窗玻璃组合吹风、面部及腿部组合吹风,以及汽车内、外循环控制开关。

空调控制面板根据结构和功能的不同可以分为自动空调控制面板和手动空调控制面板两类,具体如图 6-42 和图 6-43 所示。

图 6-42 自动空调控制面板

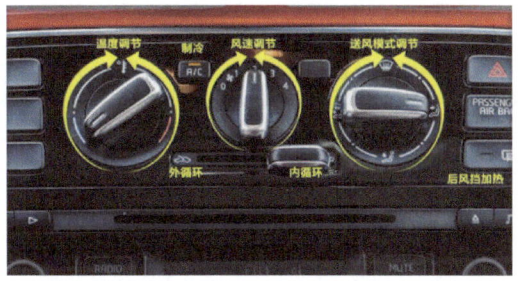

图 6-43 手动空调控制面板

空调控制旋钮主要检查旋钮是否能够正常旋转,如果是按钮式调钮,就要看是否能够有效地按压。

7. 中控锁的检查

中控锁主要检查按键是否灵活,有无卡滞现象,是否存在单个车门无法上锁或者主控锁失效等现象。

三、决策

分组,各小组选出一名负责人,组员按负责人要求完成相关任务,根据任务内容制订车身附件及车内附件检查的工作计划,如表 6-13 所示。

表 6-13 决策表

序号	人员	任务
1		
2		
3		
4		
5		

四、计划

根据任务内容制订小组任务计划,简要说明任务实施过程的步骤及注意事项,并将计划内容等填入表 6-14 中。

表 6-14 计划表

序号	工作步骤	工具／辅具	注意事项	操作人
1				
2				
3				
4				
5				
6				
7				
8				

五、实施

按照计划步骤内容实施,记录实施结果在表 6-15 中。

表 6-15 车身附件及车内附件检查表

检查维护	检查情况	处理措施	备注
座椅调节	正常□／卡滞□	已维护□／无需维护□	
安全带	正常□／不能有效锁止□	已维护□／无需维护□	
杂物箱	正常□／不能打开或关闭□	已维护□／无需维护□	
安全气囊	正常□／异常□	已维护□／无需维护□	
中央控制台	正常□／异常□	已维护□／无需维护□	
组合仪表	正常□／显示异常□	已维护□／无需维护□	
组合开关	正常□／活动受限□	已维护□／无需维护□	
多功能转向盘	正常□／功能缺失正常□／	已维护□／无需维护□	
空调出风口	正常□／不出风□	已维护□／无需维护□	
中控锁	正常□／控制无反应□	已维护□／无需维护□	

六、检查

1. 自检

将自检结果填入表 6-16 中。

表 6-16　自检表

序号	项目	结果
1	座椅调节是否正常	是☐　否☐
2	安全带工作是否正常	是☐　否☐
3	杂物箱开关是否正常	是☐　否☐
4	安全气囊状态是否正常	是☐　否☐
5	中央控制台按键是否正常	是☐　否☐
6	组合仪表显示是否正常	是☐　否☐
7	组合开关调节是否正常	是☐　否☐
8	多功能转向盘功能是否正常	是☐　否☐
9	空调出风口工作是否正常	是☐　否☐
10	中控锁工作是否正常	是☐　否☐

2. 互检

将互检结果填入表 6-17 中。

表 6-17　互检表

序号	项目	结果
1	实训车辆是否恢复	是☐　否☐
2	实训工位是否清洁	是☐　否☐
3	实训工具是否缺损	是☐　否☐

3. 终检

将终检结果填入表 6-18 中。

表 6-18　终检表

序号	项目	结果
1	检查有无漏项	是☐　否☐
2	检查的结果是否正确	是☐　否☐
3	车内附件工作是否正常	是☐　否☐

七、评估应用

对照项目确认表 6-19 中的项目内容,检查车身及附件的维护与保养工作项目,并根据实际操作内容完成表 6-19 的填写。

表 6-19 车身及附件维护与保养确认表

序号	项目	结果
1	车辆清洗是否干净	是□ 否□
2	有无碰坏车漆现象	是□ 否□
3	座椅调节是否正常	是□ 否□
4	安全带工作是否正常	是□ 否□
5	杂物箱开关是否正常	是□ 否□
6	安全气囊状态是否正常	是□ 否□
7	中央控制台按键是否正常	是□ 否□
8	组合仪表显示是否正常	是□ 否□
9	组合开关调节是否正常	是□ 否□
10	多功能转向盘功能是否正常	是□ 否□
11	空调出风口工作是否正常	是□ 否□
12	中控锁工作是否正常	是□ 否□

项目七

轿车 30 000km 维护保养

➜ 项目导入

　　一辆捷达轿车，行驶 30 000km，到 4S 店做保养。维修人员对车辆做好防护后，对其进行 30 000km 维护保养。

- 车　　型：捷达轿车。
- 年　　款：2005 年 1 月。
- 行驶里程：30 000km。
- 变速器：手动。

➜ 学习内容

- 汽车各级维护保养分类操作。
- 轿车 30 000km 维护保养综合操作。

➜ 学习目标

- 能够明确我国汽车的维护制度。
- 能够了解我国各级汽车维护作业的内容。
- 能够熟练按照检查项目操作规范和操作步骤进行保养操作。
- 能够熟练使用相应工具对实践车辆进行 30 000km 保养。

→ 项目实施

任务一　汽车各级维护保养分类操作

一、任务解析

通过对本任务的学习，学生能够了解我国的汽车维护制度和各级汽车维护作业的内容。此项任务关系着我们日常行车的安全，非常重要。

二、资讯

（一）资讯1

1. 我国的汽车维护制度

汽车使用一定的里程和时间间隔后，根据汽车维护技术标准，按规定的工艺流程、作业范围、作业项目和技术要求所进行的预防性作业称为汽车维护。汽车维护的目的就是保持车辆技术状况良好，确保行车安全，充分发挥汽车的使用效能和降低运行消耗，以取得良好的经济效益、社会效益和环境效益。

根据交通部《汽车运输业车辆技术管理规定》，汽车维护应贯彻"预防为主、定期检测、强制维护、视情修理"的原则，即汽车维护必须遵照交通运输管理部门规定的行驶里程或时间间隔，按期强制执行，不得拖延，并在维护作业中遵循汽车维护分级和作业范围的有关规定，以保证维护质量。

其中，强制维护是在计划预防维护的前提下所执行的维护制度。

汽车维护是预防性的，保持车容整洁、车况良好，及时消除发现的故障和隐患，防止汽车早期损坏是汽车维护的基本要求。

汽车保养维护分为日常维护、一级维护及二级维护三个级别。

维护作业以清洁、检查、润滑、调整、紧固和补给等六大作业为中心作业内容。

2. 汽车维护的作业范围

（1）日常维护　日常维护是由驾驶人每日出车前、行车中和收车后负责执行的车辆维护作业，其中心内容是清洁、补给和安全。

日常维护可分为出车前、行车中和收车后。详细检查内容如表7-1所示。

表 7-1　日常维护检查内容

	维护（检查）内容
出车前	①检查轮胎状况和气压并紧固车轮螺栓 ②检查车辆外观 ③检查各种油液有无泄露，观察停车位置有无泄露油液痕迹 ④检查刮水器刮片 ⑤检查发动机罩及车门技术情况 ⑥检查风窗玻璃和倒车镜
行车中	①保持中速行驶，减少发动机负荷 ②合理装载，保证发动机及底盘的使用寿命 ③克服不良驾驶习惯，避免急加速，避免半联动行驶，行驶中不经常手扶变速杆
收车后	①清洁车辆内、外部，清洗车辆时，要熄火 ②检查、补充油液，紧固螺栓 ③检查全车泄露情况，检查发动机、底盘各部位有无损伤、漏气、漏油、漏水等现象 ④检查轮胎情况，检查补充轮胎气压，清除轮胎上的杂物 ⑤处理好发动机的防冻问题

（2）一级维护　一级维护的主要内容以清洁、润滑、紧固为主，并检查有关制动、操纵、安全等部件，保证车辆的正常运行。一级维护一般按汽车生产厂商推荐或规定的行驶里程或时间间隔进行维护。一般一级维护的间隔为 2 500~3 000km 或 3~6 个月，以行驶里程或使用时间先到为准。一级维护必须在修理厂或者服务站由专业的维修人员进行维护。一级维护内容详见表 7-2。

表 7-2　一级维护和走合期维护保养内容

维护项目		维护内容
一级维护	发动机	①检查润滑、冷却、排气系统及燃油系统是否渗漏或损坏 ②更换发动机机油及机油滤清器 ③检查冷却液液面高度及防冻能力，必要时添加或更换 ④清洗空气滤清器，必要时更换 ⑤检查清洗火花塞，必要时更换 ⑥检查 V 带状况及张紧度，视情调整张紧度或更换 V 带 ⑦检查调整点火正时、急速转速及一氧化碳含量
	底盘	①检查离合器踏板自由行程 ②检查变速器是否渗漏或损耗 ③检查等速万向节防尘套是否损坏 ④检查转向横拉杆球头固定情况、间隙及防尘套是否损坏 ⑤检查制动系统是否渗漏或磨损 ⑥检查制动液液面高度，必要时添加制动液 ⑦检查制动蹄摩擦衬片或摩擦片的厚度 ⑧检查调整驻车制动装置 ⑨检查轮胎气压、磨损及损坏情况 ⑩检查车轮轮胎拧紧力矩和花纹深度

(续)

维护项目	维护内容
走合期维护	①更换发动机机油和机油滤清器 ②检查发动机和变速器有无泄露 ③查看冷却液、制动液等液面高度和密封情况 ④紧固螺栓，检查转向机构和悬架系统以及轮胎的气压 ⑤对有关部位做适当的调整，消除缺陷以保证车辆的安全行驶

新车或大修竣工后的汽车最初使用阶段称为走合期，第一次维护称为走合期维护。新车运行初期所进行走合期维护的主要目的是使各相对运转的零部件进行磨合，以达到改善零件磨损表面几何形状和表层面的物理机械性能的效果。走合期维护里程规定应以生产厂商的汽车使用说明书为准，一般规定里程为1 000~3 000km。走合期维护的主要内容见表7-2。

（3）二级维护　汽车作为损耗品，为保持其具有的优良性能，一般每行驶5 000km就要进厂做二级维护保养。二级维护的主要内容除一级维护的作业项目外，还要进行三滤的更换，对转向、底盘、制动、传动等系统的检查，并拆检轮胎进行换位。二级维护的主要内容详见表7-3。

表7-3　二级维护保养内容

维护项目	维护内容
发动机	①起动发动机，倾听发动机的怠速、中速和高速运转时有无杂音异响 ②检验气缸压力或真空度，必要时清除燃烧室积炭及研磨气门、调整气门间隙，检查油封及曲轴后轴承有无漏油现象 ③拆检清洗喷油器、汽油泵，更换机油和三滤，检查管道和接头 ④检查紧固气缸盖，进、排气歧管及消声器的螺栓、螺母，检查发动机固定情况，飞轮壳与缸体的连接和紧固情况 ⑤清洗机油泵，擦拭和检查气缸壁，检查轴瓦（必要时更换），装上油底壳并紧固，按规定加注对号的新机油至规定油面 ⑥检查散热器及罩盖的固定情况、水泵工作情况，有无漏水
底盘	①检查和调整方向盘自由间隙，检查调整前轮前束，检查更换转向拉杆球头 ②检查调整离合器踏板自由行程，液压离合器系统应无渗漏 ③润滑和调整变速器操纵机构、万向节等，更换变速器、驱动桥齿轮油 ④检查制动踏板自由行程和制动力，保证行车和驻车制动应保持良好，制动时无跑偏和拖滞现象 ⑤检查轮胎压力正常，保证悬架、减振器固定可靠，进行四轮换位并紧固车轮螺栓
其他	发电机、起动机、灯光、仪表、信号灯、按钮、开关附属设备齐全、完整，能正常工作

（4）季节性维护　对于温差大的地区，在每年进入夏季或冬季之前，要进行一次换季保养，换季保养作业包含以下内容：

①清洗检查发动机冷却系统的水垢和冷却液的冰点。

②清洗发动机润滑系统，更换冬季或冬夏通用型的多级润滑油。

③更换齿轮油、液压油，换用适应季节的润滑油。

④检查暖风和空调系统，保证驾驶室内冬天的供暖和夏天降暑的功能正常。

3. 捷达轿车保养项目

根据车辆生产厂商和品牌型号不同，保养周期和保养内容不同，表7-4是捷达轿车保养项目表，其他车型项目表可查阅相关维修手册。

表7-4 捷达轿车保养项目表

保养内容	7 500km 首次保养	每15 000km 或 12个月保养	每30 000km 或 24个月保养
检查清洁火花塞，必要时更换火花塞		○	○
清洁空气滤清器，必要时更换空气滤清器		○	○
清洁流水槽内左右排水孔		○	○
清洁空调空气滤清器，必要时更换滤芯	○	○	○
检查冷却液液面及冷却液防冻能力，必要时调整冷却液浓度或更换冷却液	○	○	○
检查风窗清洗液液面高度，必要时添加清洗液	○	○	○
检查制动液液面高度，必要时添加制动液		○	○
检查转向助力液液面高度，必要时，添加助力液		○	○
检查V带或多楔带是否损坏，如损坏，更换		○	○
检查V带张紧度，必要时，调整张紧度	○	○	○
检查蓄电池电解液液面高度，必要时，添加蒸馏水	○	○	○
检查清洁蓄电池接线柱	○	○	○
更换机油及机油滤清器	○	○	○
检查等速万向节防尘套是否损坏	○	○	○
检查转向拉杆端头间隙及防尘套是否损坏	○	○	○
检查手动变速器油质及润滑油是否泄漏，必要时更换	○	○	○
检查润滑系、冷却系及燃油供给系是否渗漏	○	○	○
检查排气系统是否泄漏或损坏		○	○
检查制动器是否渗漏或损坏	○	○	○
检查自动变速器油液面高度，必要时添加		○	
更换燃油滤清器			○
检查四轮轴承间隙，必要时调整或更换		○	○
润滑发动机罩铰链及锁舌	○		
润滑车门铰链及车门限位拉条	○	○	○

（续）

保养内容	7 500km 首次保养	每 15 000km 或 12 个月保养	每 30 000km 或 24 个月保养
检查车门拉手，如开启费力，需清洁并润滑车门锁		○	○
检查制动摩擦片厚度	○	○	○
检查轮胎（包括备胎）花纹深度		○	○
检查轮胎充气压力	○	○	○
检查车轮螺栓拧紧力矩		○	○
查询自诊断系统故障码储存器		○	○
检查前照灯光束，必要时调整		○	○
检查喇叭、照明灯工作情况		○	○
检查安全带是否完好无损		○	○
检查调整驻车制动器		○	○
检查刮水器/洗涤器工作情况		○	○
检查空调系统是否渗漏	○	○	○
检查离合器踏板行程		○	○
更换火花塞			○
更换 V 带			○
检查车身底部防护层是否损坏			○
每 2 年按照一汽大众标准更换制动液			
每 60 000km 更换一次自动变速器油（ATF）			
每 60 000km 更换 5 阀发动机正时传动带，检查张紧器，必要时更换			
每 80 000km 更换 2 阀发动机正时传动带，检查张紧器，必要时更换			
每 90 000km 更换柴油机正时传动带，检查张紧器，必要时更换			
每 7 500km 对柴油车柴油滤清器排水或更换柴油滤清器			
试车：检查脚、驻车制动器，变速器，转向，空调等功能			

（二）资讯 2

车辆维护接待是汽车维修之前的一项重要工作，为了保证内容的完整性，对此部分内容进行介绍。

1. 车辆维护服务接待礼仪规范

①仪表：必须符合标准的特约店制服，穿戴整齐，仪表端正，精神饱满，面带微笑。

②看见顾客时，及时出门迎接客户，主动问候客户，引导客户进入停车场，并进行自我介绍，客户进门后，要认出客户并给予照顾，当客户首次进厂，要记住客户的姓名和容貌。

③关注预约客户，主动询问是否是预约客户。

2. 车辆维护服务流程

①预约。

②接待准备。

③接车/制单。

④维修。

⑤质检/内部交车。

⑥结账和交车。

⑦回访。

各个维修公司的维护服务流程基本上是一致的，下面来看一下一汽大众和上海通用汽车的维修服务流程。

一汽大众汽车4S店汽车维护服务流程总图如图7-1所示。上海通用汽车公司的维修服务流程图如图7-2所示。

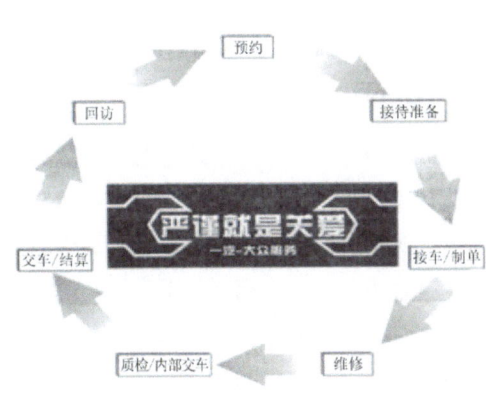

图7-1 一汽大众汽车4S店汽车维护服务流程总图

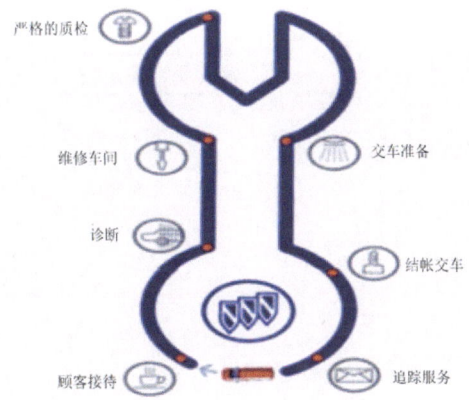

图7-2 上海通用汽车公司的维修服务流程图

（1）预约工作流程　预约工作流程图如图7-3所示。

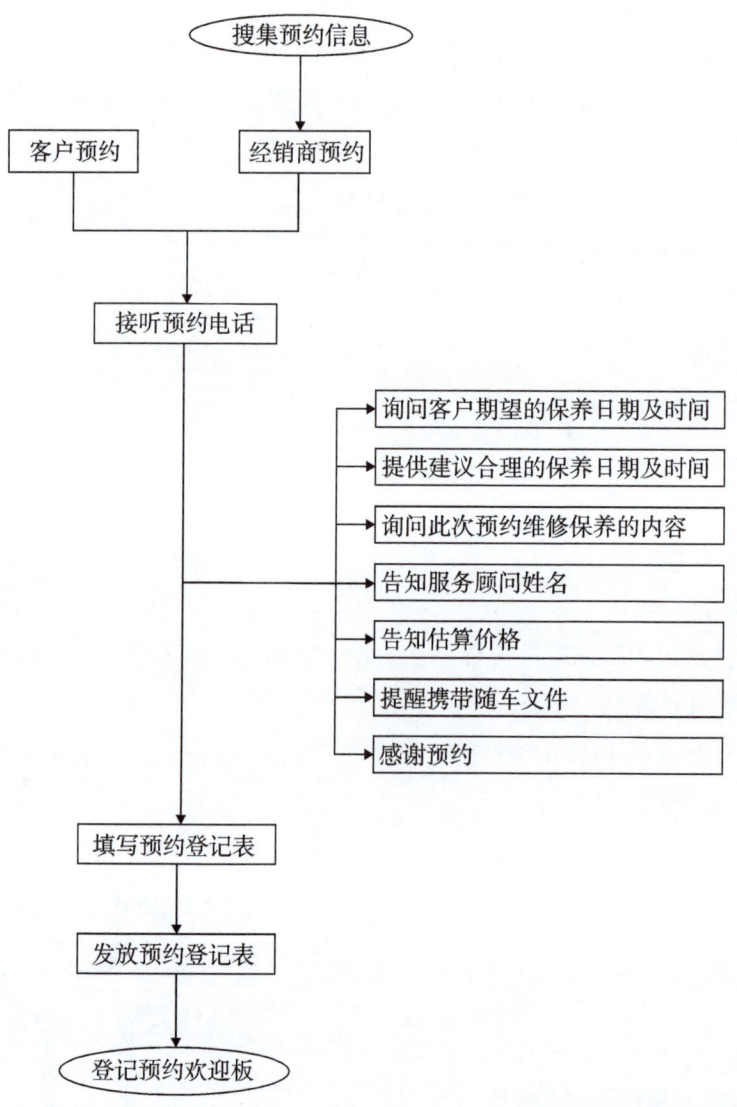

图7-3　预约工作流程图

（2）准备工作流程　准备工作流程图如图 7-4 所示。

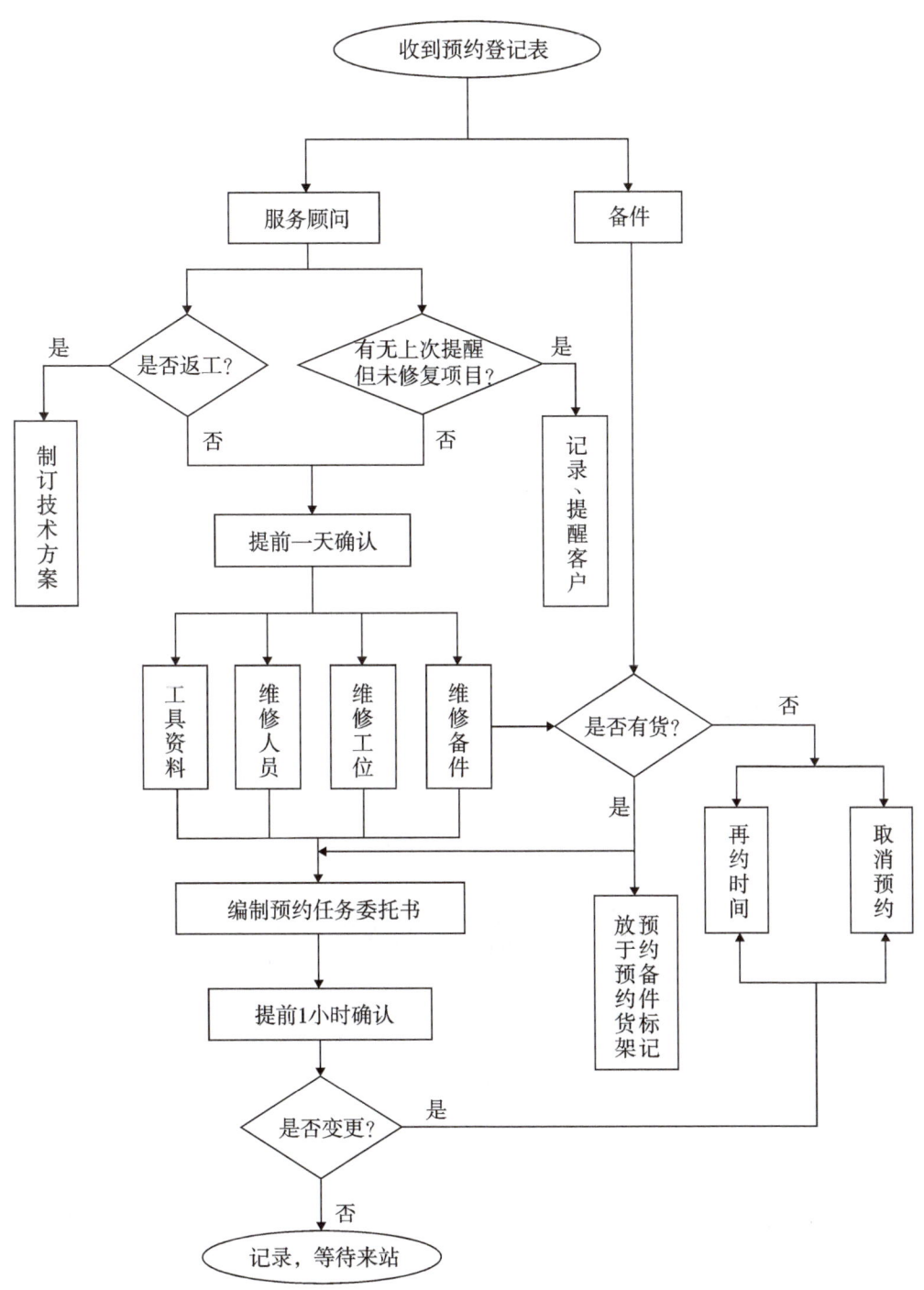

图 7-4　准备工作流程图

（3）业务接待/制单工程流程　业务接待/制单工程流程图如图7-5所示。

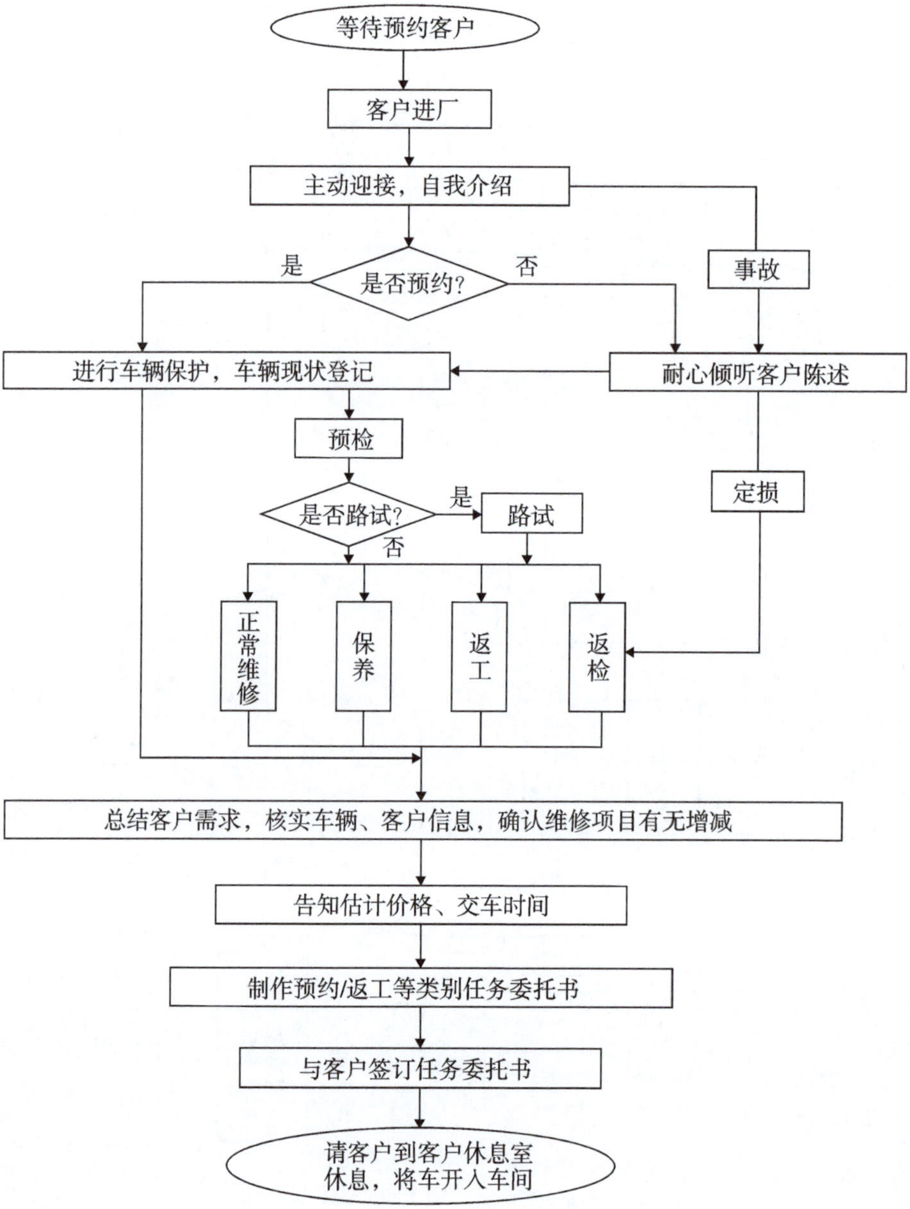

图7-5　业务接待/制单工程流程图

（4）维修工作流程　维修工作流程图如图7-6所示。

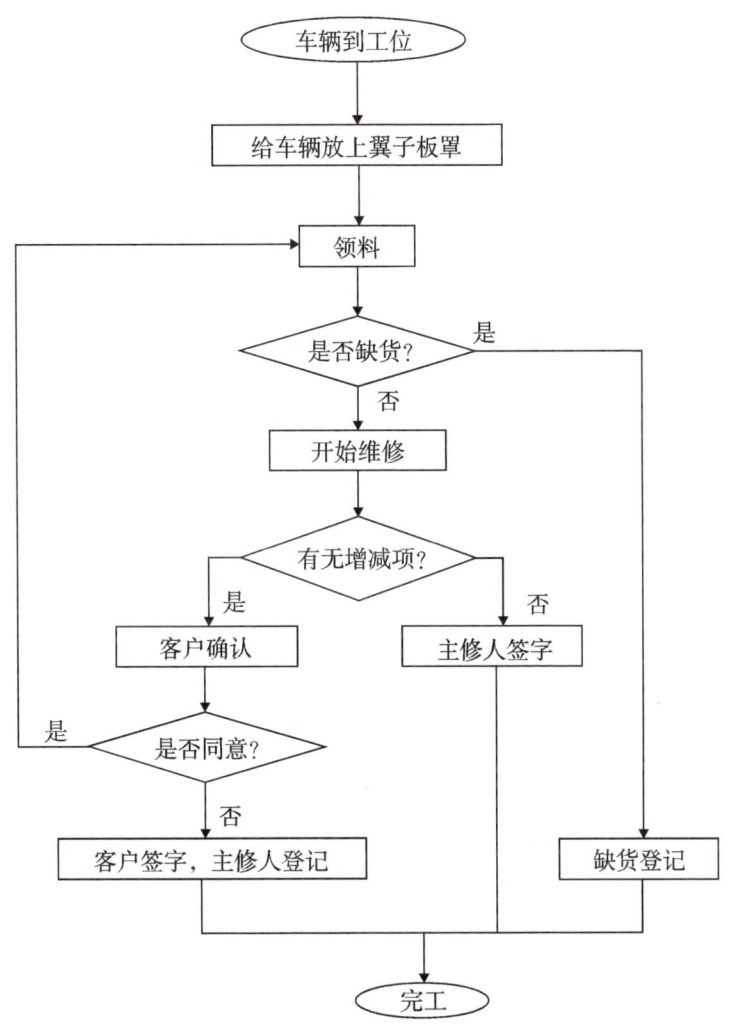

图 7-6　维修工作流程图

（5）质检/内部交车工作流程　质检/内部交车工作流程图如图7-7所示。

（6）回访工作流程　回访工作流程图如图7-8所示。

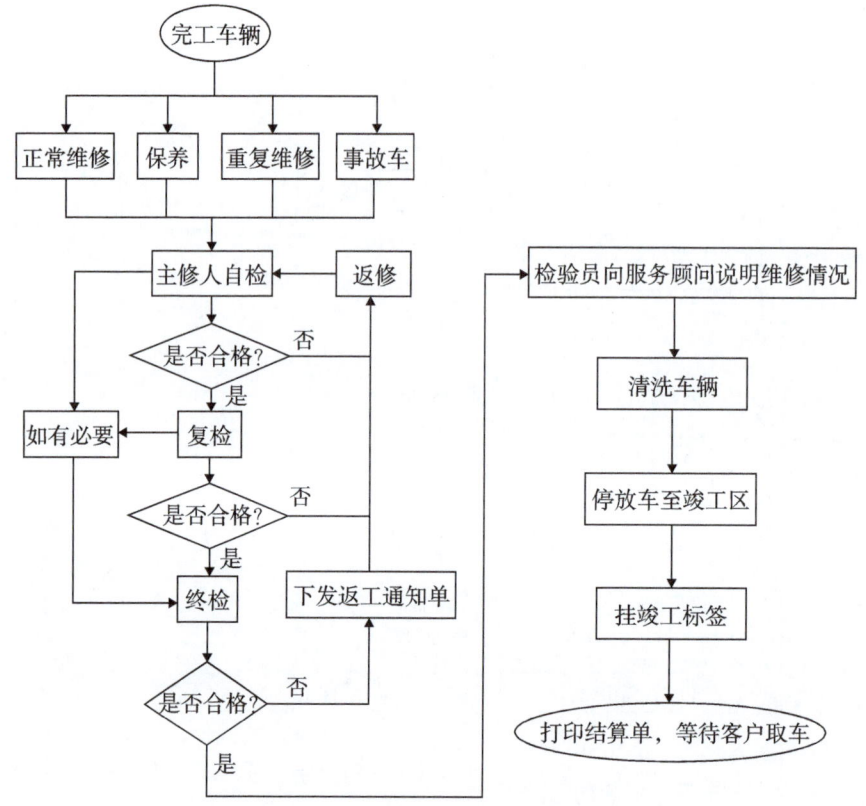

图7-7　质检/内部交车工作流程图

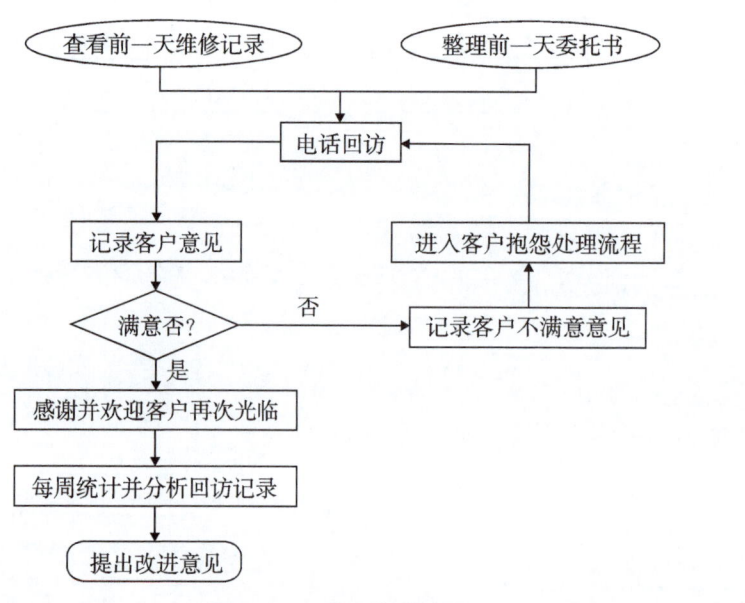

图7-8　回访工作流程图

3. 工作过程中需要注意的事项

（1）车辆保护　当着客户的面，安装保护罩（座椅套、地板罩、转向盘罩）。

（2）检查车辆　接待客户时检查车辆的目的，是使维修厂免受不应有的赔偿（如已存在的划伤，以及丢失的个人财产）。确定客户没有察觉的维修需要（如车身划伤或压痕、轮胎异常磨损、刮水器刮片磨损）。

（3）保修判定过程　保修是在遇到不合格材料或制造质量问题时，为保护客户利益而在规定的时间内和规定的行驶里程内免费为客户提供修理车辆和提供零件。由于错误的使用方法、自行改装、恶劣环境条件使用、保养不足或不正确而造成的车辆损坏不在保修范围之内。

以下四点需要注意：

①是否由事故引起的而不是由材料缺陷或制造质量引起的失效？

②是否属于召回行动或特殊维修行动的修理？

③车辆使用的时间和里程是否在保修期内？

④是否属于代理商提供的特殊保修事项？

（4）承诺交车时间　确定可能的交付日期和时间时应考虑：

①工作次序。

②维修厂负荷。

③需要的修理时间。

④是否需要转包。

⑤客户决定的交车日期和时间。

4. 东风悦达起亚维修接待工作流程及用语举例

东风悦达起亚维修接待流程分为十二部分：

（1）预约；（2）迎接客户；（3）问诊；（4）填写接车单；（5）引领客户进休息室（或送走）；（6）车辆交给车间派工作业；（7）跟踪维修进度；（8）车辆维修过程中增加项目；（9）详细输入客户资料；（10）通知客户提车；（11）欢送客户；（12）3DC回访（交车过程是否满意、车辆使用状况、提醒回厂保养）。

（1）预约

礼仪要求：应在电话铃响三声内接听电话，应答语言要规范简练，若周围吵嚷，应安静后再接电话。接电话时，要面带笑容，与传声器（话筒）保持适当距离，说话声大小适度。嘴里不含东西。因为有急事或在接听另一个电话而耽搁时，应向客户表示歉意。

规范用语："您好！东风悦达起亚为您服务，我是×××……""好的，我们给您准备一下,您的车下午××点来这里好吗?""好的!没问题,谢谢!再见"……

(2)迎接客户

流程:出门迎接,用礼貌的方式主动向客户问候,以示欢迎。打开车门,请客户下车,用心聆听客户问题。

规范用语:"您好!先生(女士)请问有什么需要帮忙?""××先生(女士)请您下车好吗?""先生(女士),请您保管好您车上的贵重物品好吗?"

注意事项:接待客户时,要自信、自然;与客户交谈时,要面带笑容,态度诚恳;交谈中应处处表现出对客户的尊重与关怀;上客户车检查前,必须先提醒客户保管好车上的贵重物品,征求客户同意后,方可上车。

(3)问诊

流程:详细咨询车主车辆状况,必要时作好笔记,接待人员对车主提出的故障现象应首先检查、诊断,参照历史档案。

规范用语:"您的车第一次出现这种故障是在什么时候?""像这种情况有多久了?"等。

(4)填写接车单

要求:写明维修项目及相应维修费用、维修时间、车主联系电话(要求字迹工整、清晰、正确)等。引领车主检查车辆外表、内饰、工具备胎等物件,正常打"√",差缺打"×",最后请客户确认签字。

规范用语:"先生(女士),您这次的维修项目是×××,工时费×××元,备件费×××元,其他×××元,约计×××元。请您过目一下,如没问题请您在这里签字,如在维修中发现其他故障,我们再及时向您汇报。谢谢!"

注意事项:必须登记清楚客户提出的问题,不得有漏项、错项,接待人员检查出新的问题时,应立刻通知客户,征求客户同意,让客户明确所有维修项目及相关维修费用。最后,必须双手将单据递给客户签字。另外,在不确定的情况下,尽量比预计提车时间稍微推迟一点,不要给客户过高的期望,因为一旦不能按时交车,将会影响客户满意度。

(5)引领客户进休息室(或送走)

接待流程:接待员应礼貌地请客户到休息室等候或欢送客户离开(必要时提供备用车)。

规范用语:"您好!先生(女士)请您到休息室,喝杯茶,看看报纸、杂志。等车辆修好后,我们立即通知您"或"您先休息一会儿,等车修好了后我会尽快通知您!",车需要较长时间修好时:"请您放心,我们会把车修好,尽快通知您。""您慢走!

再见！"

注意事项：车辆进厂维修期间，必须遵照公司规定，严禁客户进入维修车间（注意沟通技巧，尽量以公司规定、客户安全角度和避免影响车间工人工作为出发点，婉拒客户）。

（6）车辆交给车间派工作业

流程：车开进车间维修前，必须套上"转向盘套、地垫、座椅套、左右翼子板挡布"，把接车单交给车间主管，指明维修项目、更换备件、维修时间及检查项目等。

注意事项：详细说明每一项维修项目，确认派工员已清楚获悉每一项维修项目，并确认预计维修时间是否充足。

（7）跟踪维修进度

流程：配合车间工作人员，了解维修进度。维修过程中发现新的质量问题时，应第一时间与车间工作人员协调、交流，并做出决定。接待员应尽快将意见反馈给客户，争取客户同意。

注意事项：个别客户要求进维修车间查看车辆时，必须由接待员陪同客户。客户确认后，应尽快引领客户回休息室等候。

（8）车辆维修过程中增加项目

流程：与车间工作人员协调交流后，如需增加维修项目及增多更换备件，由前台接待通知客户，并由客户认可签字，然后再通知车间维修。

注意事项：增加维修项目及更换备件前必须先征得客户同意，讲明相关维修费用，并由客户签字确认。

（9）输入客户资料

流程：根据接车单以及维修手册，输入客户资料以及维修项目建档，更新。

注意事项：输入客户资料要仔细认真，不得有漏项、错项。输入完毕要检查。

（10）通知客户提车

流程：车辆竣工后通知车主，核对接车单，检验车辆，详细说明维修项目及相关维修费用后结算。

规范用语："您好！先生（女士）您的车已修好，我们一起检验一下好吗？"

"这是您更换的备件，您检查一下，一共修了×××钱。"

"请您到这边买单，谢谢！"等。

注意事项：维修车辆未经质检员检验合格不能出厂。质检员为维修车辆第一责任人，车辆未按相关质量要求修理好就出厂的，首先追究质检员的责任，其次才追究维修接待人员和维修技师的相关责任。

（11）欢送客户

规范用语："您慢走！再见！""您走好！再见！""您好！先生（女士），您的车出厂后有事情请打我们的热线电话，我们会给您最满意的服务。"

注意事项：恭送客户上车，招手欢送客户，待客户开车离开一段距离（10~20m）后，方可返回工作岗位。

（12）3DC回访

流程：电话回访，聆听用户意见，做好记录

规范用语："×××先生、×××女士您好！我是东风悦达起亚××，您的车辆维修后有什么问题，对我们的服务有什么不满意的地方吗？……打扰您；对不起！谢谢您的支持！"。

注意事项：不可在客户休息时间打回访电话；电话访问内容必须简洁。此项工作由专人负责。

维修接待必须严格履行岗位责任制，为用户提供售后服务时，确实做到谁接待谁负责，用户不走，维修接待不离岗。

三、决策

分组，各小组选出一名负责人，组员按负责人要求完成相关任务，根据任务内容制订轿车7 500km首次保养工作计划并实施。

表7-5　决策表

序号	人员	任务
1		
2		
3		
4		
5		
6		
7		
8		

四、计划

根据任务内容制订小组任务计划,简要说明任务实施过程的步骤及注意事项。并将计划内容等填入表 7-6 中。

表 7-6　任务计划表

车型:　　　　　　　　　　　　　　　　任务内容:7 500km 首次保养

序号	任务步骤	工具/辅具	注意事项
1			
2			
3			
4			
5			
6			
7			
8			
9			
10			

五、实施

按照计划内容实施,记录实施结果在表 7-7 中。

表 7-7　一汽大众捷达轿车常规保养项目单

常规保养单 车型：Jetta（2012.04）	一汽－大众特许经销商（服务）					
用户姓名	牌照号	底盘号	领证日期	行驶里程(km)	保养日期	

			一汽－大众特许经销商捷达轿车常规保养项目	合格	不合格	消除
每12个月或每30 000km定期保养	每12个月或每15 000km定期保养	7 500km首次保养	查询自诊断系统故障存储器			
			检查车内所有开关、用电器、仪表各警报指示灯及车外所有灯光的工作情况			
			检查风窗刮水器及清洗器功能，如必要，调整喷嘴			
			润滑车门限位条			
			润滑发动机罩盖铰链及锁舌			
			检查流水槽内是否有树叶等杂物，如有则清除，同时疏通排水孔			
			检查制动液液位，必要时添加制动液			
			检查冷却液液面高度及浓度，如必要，添加冷却液或调整浓度			
			检查风窗清洗液液面高度，必要时补充添加清洗液			
			排除燃油滤清器内的水（柴油发动机）			
			检查蓄电池固定情况，电解液液面高度（非免维护蓄电池），必要时添加蒸馏水； 检查蓄电池固定情况，电眼颜色（免维护蓄电池，无电眼检查电压）			
			检查V带张紧度及传动带是否损坏，必要时调整张紧度或更换传动带			
			检查发动机润滑系、冷却系、燃油系，空调、制动和动力转向系统有无渗漏或损坏			
			更换发动机机油及机油滤清器			
			目测检查变速器、主减速器及等速万向节防护套有无渗漏和损坏			
			检查转向横拉杆球头的间隙、紧固程度及防尘套情况			
			检查手动变速器齿轮油油位，如必要，添加齿轮油或更换			
			检查制动器摩擦片厚度			
			检查所有轮胎（包括备胎）的花纹深度及磨损形态，清除轮胎上的异物			
			进行轮胎换位，按要求检查轮胎气压，必要时校正，检查车轮螺栓拧紧力矩			
			试车：检查行车制动及驻车制动、变速器、离合器、转向助力及空调等功能			

（续）

一汽-大众特许经销商捷达轿车 常规保养项目			合格	不合格	消除
每12个月或每30 000km定期保养	每12个月或每15 000km定期保养	检查安全带及安全气囊罩壳是否损坏			
		检查前照灯光束，如必要，调整前照灯光束			
		检查、调整驻车制动器			
		检查转向助力机构液压油油位，如必要，添加液压油			
		清洁空气滤清器及滤清器壳体，必要时更换滤芯			
		检查空调滤芯，必要时更换滤芯			
		检查正时传动带张紧度			
		检查多楔带的状态及张紧度，必要时更换传动带			
		检查排气系统是否有泄露或损坏			
		检查自动变速器ATF油油位，如有必要，添加ATF油			
		检查四轮轴承间隙，必要时调整或更换轴承			
	更换空气滤清器滤芯				
	更换火花塞				
	更换V带				
	更换燃油滤清器				
注意：每6万km更换5V发动机正时传动带及张紧器； 每8万km更换2V发动机正时传动带及张紧器； 每9万km更换柴油机正时传动带，检查张紧器，必要时更换； 每6万km更换一次自动变速器ATF油			每两年更换一次制动液； 每7 500km对柴油机滤清器进行放水； 检查是否加装或改装其他电器设备或机械附件，并在本次保养单备注中注明"有"或"无"，若"有"，请详细注明		
维修技师签名：		质量检验员签名：		客户签名：	
合格：已检查未发现缺陷		不合格：检查中发现缺陷		清除：按维修信息消除缺陷	
备注： _____ _____ _____					

六、检查

1. 自检

将自检结果填入表7-8中。

表 7-8　项目检查表

序号	保养项目	各项目是否齐全保养	不合格项是否消除
1	发动机部分	是□　否□	是□　否□
2	底盘部分	是□　否□	是□　否□
3	用电器及车身部分	是□　否□	是□　否□

2. 互检

将互检结果填入表 7-9 中。

表 7-9　项目检查表

序号	保养项目	各项目是否齐全保养	各维护保养工具是否复位
1	发动机部分	是□　否□	是□　否□
2	底盘部分	是□　否□	是□　否□
3	用电器及车身部分	是□　否□	是□　否□

任务二　轿车 30 000km 维护保养综合操作

一、任务解析

通过对本任务的学习，学生能够了解并掌握轿车 30 000km 维护保养综合操作的相关内容。此项任务关系着日常行车的安全和轿车整体的性能，非常重要。学生通过对此部分内容的学习，最终能达到汽车保养工人、技师岗位的基本要求。

二、资讯

1. 轿车 30 000km 维护保养的意义

轿车行驶到 30 000km 时，整个车辆在性能上，车身零部件的使用寿命上，发动机用油液上都达到了一个极限疲劳的状况。为了达到避免车辆行驶的安全隐患，以及保证车辆各方面的性能，使车辆始终保持新车时的状态的目的，在车辆行驶至 30 000km 时，应当适当地对车辆进行一些固定内容的保养项目操作，所以车辆的 30 000km 保养就显得尤为重要。

2. 轿车 30 000km 维护保养工作导入

由于车型不同，排量不同，发动机结构不同，车辆的使用年限不同等诸多因素的影响，所以 30 000km 的保养项目的确定并不是一成不变的。例如，对于带有涡轮增压的发动机的车型，在 30 000km 保养项目的确立上就不能和普通自然吸气的发动机车型完全一样。所以说各个车型的生产厂家在车辆维修保养手册上对 30 000km 保养项目都有各自的要求。由于德系车辆的配置以及技术应用始终处于车辆制造行业领军地位，再加之其生产的车型在社会上的普遍认可度比较高，车辆的保有率大等诸多因素的存在，所以此次的任务，我们重点对德国大众汽车 30 000km 定期维护保养进行实训。

大众汽车在对车辆 30 000km 定期维护保养项目的确立上是以车辆所装配的发动机类型的不同而设定的，主要区别就是将车型分为未装备 TSI 发动机的车型和装备了 TSI 发动机的车型两大类。大众汽车有装备 TSI 发动机的车型和装备自然吸气发动机的车型，TSI 发动机则是增压分层直喷技术发动机，这是一款大功率、低转速的发动机。显然，由于自然吸气发动机气缸工作压力和涡轮增压发动机的气缸压力相差很大，因此发动机的机油压力、火花塞的热稳定性及机件的承受能力均有所不同，所以该类型部件的保养周期就有所不同，这直接导致了 30 000km 保养项目的不同。

3. 轿车 30 000km 维护保养的内容

大众速腾轿车的 30 000km 保养内容包括常规检查保养项目和特殊保养项目两大类。我们先来看常规检查保养项目，具体保养项目如表 7-10 和表 7-11 所示。

表 7-10　新速腾常规保养项目表（适用于装备 TSI 发动机的车型）

保养内容	5 000km 首次保养	10 000km 或 1 年定期保养	10 000km 或 1 年之后每 10 000km 或每 1 年定期保养（30 000km）
1. 自诊断系统：查询故障存储器	●	●	●
2. 发动机及发动机舱内的其他部件：目测检查是否有泄漏或损坏	●	●	●
3. 蓄电池：检查固定情况，电眼颜色（免维护蓄电池无电眼检查蓄电池电压及其电解液液位）	●	●	●
4. 制动液：检查液位，必要时添加	●	●	●
5. 风窗清洗液：检查液面高度，必要时添加	●	●	●
6. 冷却液：检查液面高度及浓度（防冻能力），必要时添加冷却液或调整浓度	●	●	●
7. 发动机机油及机油滤清器：更换（注：如拆卸油底壳放油螺栓，按要求更换放油螺栓）	●	●	●
8. 前、后制动摩擦衬块：检查厚度	●	●	●
9. 所有轮胎（包括备胎）：检查花纹深度及磨损形态，消除轮胎上的异物	●	●	●
10. 车身底部防护层和底饰板：目测检查是否破损	●	●	●
11. 制动系统：目测检查是否有泄漏和损坏	●	●	●
12. 变速器、主减速器及等速万向节防护套：目测检查有无泄漏或损坏	●	●	●
13. 转向横拉杆球头：检查间隙、紧固程度及防尘套状况	●	●	●
14. 车轮：进行换位，并检查车轮螺栓拧紧力矩	●	●	●
15. 轮胎气压：按要求检查，必要时校正（装备胎压监控指示器的车型校正胎压后需重新标定）	●	●	●
16. 车门止动器、发动机罩锁扣：润滑	●	●	●
17. 装备 TSI 发动机的车型：加注燃油添加剂 G17	●	●	●
18. 保养周期指示器：复位	●	●	●
19. 试车：检查制动器、驻车制动器、变速器、离合器、转向及空调等功能，查询故障存储器，终检	●	●	●

（续）

保养内容	5 000km 首次保养	10 000km 或 1 年定期保养	10 000km 或 1 年之后每 10 000km 或每 1 年定期保养（30 000km）
20. 检查安全气囊和安全带状态及安全气囊罩壳是否损坏	○	●	●
21. 警告标签：检查是否完好	○	●	●
22. 车内所有开关、车内照明、用电器、显示器和仪表各警报指示灯：检查功能	○	●	●
23. 滑动/外翻式顶窗：检查顶窗功能、清洗导轨并用专用润滑脂润滑、清洁导流板、清洁并润滑顶窗密封条	○	●	●
24. 车外前部、后部、行李舱照明灯等所有灯光状态和闪烁报警装置、静态弯道行车灯、自动行车灯控制：检查功能	○	●	●
25. 风窗刮水器、清洗器：检查功能，必要时调整喷嘴	○	●	●
26. 空气滤清器：清洁壳体，检查滤芯状态，必要时采取相应维修保养措施	○	●	●
27. 主销球头防尘套、前后车桥橡胶金属支座、连接杆及稳定杆橡胶金属支座：目检是否损坏	○	●	●
28. 前后部螺旋弹簧和缓冲块、塑料防尘罩：检查是否损坏	○	●	●
29. 排气系统：检查是否有泄漏或损坏及紧固程度	○	●	●
30. 前照灯：检查光束，如必要，调整前照灯光束	○	●	●
31. 火花塞：更换（首次 20 000km，之后每 20 000km）	○	○	●
32. 空气滤清器：更换滤芯，清洁壳体（首次 20 000km 或 2 年，之后每 20 000km 或每 2 年）	○	○	●
33. 粉尘及花粉过滤器：清洁外壳，更换滤芯（每 10 000km 或每 1 年更换）	○	○	●
34. 多楔带：检查状态，必要时更换（首次 30 000km 或 2 年，之后每 30 000km 或每 2 年）；每 120 000km 或每 6 年更换多楔带	○	○	●
35. 燃油滤清器：更换（首次 60 000km 或 4 年，之后每 60 000km 或每 4 年）	○	○	○
36. 02E 型双离合器变速器：更换 DSG 油和滤清器（首次 60 000km，之后每 60 000km）	○	○	○
37. 带气体放电灯泡的前照灯（氙灯）：进行基本设置（首次 60 000km 或 4 年，之后每 60 000km 或每 4 年）	○	○	○
38. 更换制动液：非营运车—首次 3 年，之后每 2 年；营运车—每 50 000km/2 年	○	○	○

注：●代表需要进行操作，○代表无需操作。

表7-11 新速腾常规保养项目表（适用于除装备TSI发动机的车型）

保养内容	7 500km 首次保养	15 000km 或 1年定期保养	15 000km 或1年之后 每15 000km 或每1年 定期保养（30 000km）
1. 自诊断系统：查询故障存储器	●	●	●
2. 发动机及发动机舱内的其他部件：目测检查是否有泄漏或损坏	●	●	●
3. 蓄电池：检查固定情况，电眼颜色（免维护蓄电池无电眼检查蓄电池电压及其电解液液位）	●	●	●
4. 制动液：检查液位，必要时添加	●	●	●
5. 风窗清洗液：检查液面高度，必要时添加	●	●	●
6. 冷却液：检查液面高度及浓度（防冻能力），必要时添加冷却液或调整浓度	●	●	●
7. 发动机机油及机油滤清器：更换（注：如拆卸油底壳放油螺栓，按要求更换放油螺栓）	●	●	●
8. 前、后制动摩擦衬块：检查厚度	●	●	●
9. 所有轮胎（包括备胎）：检查花纹深度及磨损形态，消除轮胎上的异物	●	●	●
10. 车身底部防护层和底饰板：目测检查是否破损	●	●	●
11. 制动系统：目测检查是否有泄漏和损坏	●	●	●
12. 变速器、主减速器及等速万向节防护套：目测检查有无泄漏或损坏	●	●	●
13. 转向横拉杆球头：检查间隙、紧固程度及防尘套状况	●	●	●
14. 车轮：进行换位，并检查车轮螺栓拧紧力矩	●	●	●
15. 轮胎气压：按要求检查，必要时校正（装备胎压监控指示器的车型校正胎压后需重新标定）	●	●	●
16. 车门止动器、发动机罩锁扣：润滑	●	●	●
17. 保养周期指示器：复位	●	●	●
18. 试车：检查制动器、驻车制动器、变速器、离合器、转向及空调等功能，查询故障存储器，终检	●	●	●
19. 检查安全气囊和安全带状态及安全气囊罩壳是否损坏	○	●	●
20. 警告标签：检查是否完好	○	●	●
21. 车内所有开关、车内照明、用电器、显示器和仪表各警报指示灯：检查功能	○	●	●
22. 滑动/外翻式顶窗：检查顶窗功能、清洗导轨并用专用润滑脂润滑、清洁导流板、清洁并润滑顶窗密封条	○	●	●

(续)

保养内容	7 500km 首次保养	15 000km 或 1 年定期保养	15 000km 或 1 年之后每 15 000km 或每 1 年定期保养（30 000km）
23. 车外前部、后部、行李舱照明灯等所有灯光状态和闪烁报警装置、静态弯道行车灯、自动行车灯控制：检查功能	○	●	●
24. 风窗刮水器、清洗器：检查功能，必要时调整喷嘴	○	●	●
25. 空气滤清器：清洁壳体，检查滤芯状态，必要时采取相应维修保养措施	○	●	●
26. 主销球头防尘套、前后车桥橡胶金属支座、连接杆及稳定杆橡胶金属支座：目检是否损坏	○	●	●
27. 前后部螺旋弹簧和缓冲块、塑料防尘罩：检查是否损坏	○	●	●
28. 排气系统：检查是否有泄漏或损坏及紧固程度	○	●	●
29. 前照灯：检查光束，如必要，调整前照灯光束	○	●	●
30. 火花塞：更换（首次 30 000km，之后每 30 000km）	○	○	●
31. 空气滤清器：更换滤芯，清洁壳体（首次 30 000km 或 2 年，之后每 30 000km 或每 2 年）	○	○	●
32. 粉尘及花粉过滤器：清洁外壳，更换滤芯（每 15 000km 或每 1 年更换）	○	●	●
33. 多楔带：检查状态，必要时更换（首次 30 000km 或 2 年，之后每 30 000km 或每 2 年）；每 120 000km 或每 6 年更换多楔带	○	○	●
34. 燃油滤清器：更换（首次 60 000km 或 4 年，之后每 60 000km 或每 4 年）	○	○	○
35. 09G 型自动变速器：检查 ATF 润滑油油位必要时添加（每 20 000km）；更换 ATF 润滑油（首次 60 000km，之后每 60 000km）	○	○	●
36. 带气体放电灯泡的前照灯（氙灯）：进行基本设置（首次 60 000km 或 4 年，之后每 60 000km 或每 4 年）	○	○	○
37. 更换制动液：非营运车—首次 3 年，之后每 2 年；营运车—每 50 000km/2 年	○	○	○

注：●需要进行操作，○无需操作。

30 000km 时汽车除了需要进行以上常规检查保养以外，还需要进行发动机机油的更换、机油道清洗、三元催化转化器的清洗、节气门清洗、进气道清洗、喷油器清洗。发动机除积炭等相关维护。以下是大众品牌车辆为装配 TSI 发动机和自然吸气发动机的车辆在 30 000km 时的收费保养项目对照表，具体项目内容如表 7-12 所示。

表 7-12　30 000km 收费保养项目对照表

项目	装备 TSI 发动机的车辆	自然吸气车辆
更换发动机机油	●	●
发动机机油道清洗	●	●
更换空调滤清器	●	●
更换空气滤清器	○	●
更换火花塞	○	●
清洗节气门	●	●
免拆清洗进气道	●	●
免拆清洗喷油器	●	●
免拆清洗三元催化转化器	●	●
添加燃油添加剂	●	○
车轮换位	●	●
四轮定位	●	●

4. 轿车 30 000km 维护保养相关操作

由于车型众多，在此仅以大众品牌车辆为例，简单介绍一下相关项目的操作实例。

（1）清洗节气门　具体操作如下。

①先检查节气门是否需要清洗，当冷却液温度到达 90℃时，连接 5053→进 01 发动机→进 08 数据监测→选组号 03，按"执行"第三列"负荷"即为节气门开启度，值超过 5% 就该清洗了，正常值范围应为 1%~5%。在清洗之前还需要准备棉签、细长螺钉旋具和胶布，用胶布将棉签绑在长螺钉旋具端部。因为棉签长度不够，无法清洗节气门深处，如图 7-9 所示。

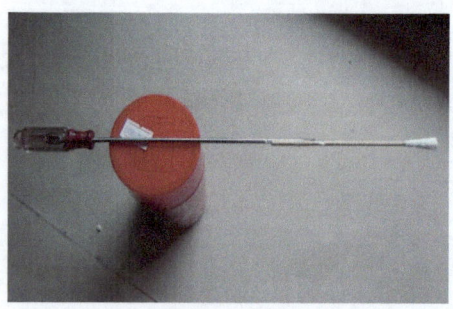

图 7-9　节气门清洗工具

②拆下空气滤清器壳体上盖，取出空气滤清器，如图 7-10 和图 7-11 所示。

③看到节气门后，车内主驾驶人员打开点火开关，但不起动，用脚将加速踏板踩

图 7-10 空气滤清器壳体护罩

图 7-11 空气滤清器壳体底座

到底（如果是机械式的加速踏板就不用打开点火开关了）。此时另外一名操作人员可以看到节气门翻板是竖直的，这时就可以用事先准备好的棉签喷好清洗剂，开始擦拭、清洗节气门（注意棉签不要掉入节气门内部），如图 7-12 所示。

④清洗后的棉签如图 7-13 所示。

图 7-12 清洗过的节气门

图 7-13 清洗后的棉签

⑤清洁完毕后，按刚才拆开时相反的步骤恢复原状。

用此方法的好处是，不需要对节气门进行匹配。现代轿车节气门都是电子节气门，如果拆卸清洗，安装后需要进行节气门匹配。

（2）免拆清洗喷油器

1）喷油器的工作原理。由于没有燃烧这个过程，实际上喷油器内很难形成积炭，更多的是一些汽油内的杂质留在了喷油器内，给油道形成一定阻塞，影响喷油器的实际喷油量，进而，发动机在运行过程中得不到应有的燃油空气混合比，在急速时发动机会出现异常的抖动，在加速时驾驶者会感觉车辆开起来很"肉"。如果喷油器内长时间存有积炭，那么在清洗喷油器后，有可能出现喷油器漏油的情况，造成的影响是车辆不容易起动。

我们所说的喷油器清洗大多洗的是喷油器内部的杂质，以及清洗液由喷油器喷入燃烧室起到的清洁作用。喷油器头部则会被积炭所附着（直喷发动机的喷油器可能会严重些，因为喷油器所处环境较恶劣，更容易出现积炭），如果是免拆"打吊瓶"是无法将其清除的。

所以在适当的保养周期，我们建议将喷油器拆下进行清洗，这样可以内外兼顾，既可以将内部存留杂质清除，也可以将喷油器头部附着的积炭清除。喷油器积炭如图7-14所示。

2)"吊瓶"的工作原理。简单来说，就是"吊瓶"代替油箱的作用，而燃油清洗剂代替燃油的作用。"打吊瓶"也就是用燃油清洗剂供发动机运行，在运行中将喷油器的积炭进行清洁并通过排气管将积炭与杂物排出，达到清洗效果。"吊瓶"清洗喷油器如图7-15所示。

图7-14　喷油器积炭

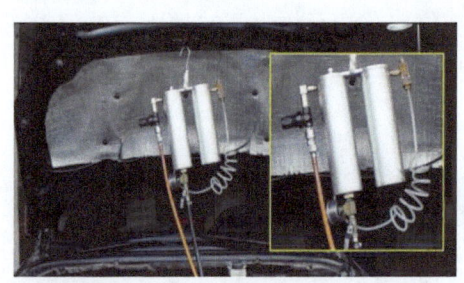

图7-15　"吊瓶"清洗喷油器

3) 操作步骤

① 拔下油泵继电器熔断器，断开油箱工作，用"吊瓶"代替油箱。

② 将"吊瓶"油管与喷油器供油管相连。

③ 向"吊瓶"内加入喷油器清洗剂。

④ 给"吊瓶"打压，正常压力在300kPa以上。

⑤ 点火起动车辆，发动机运行30min后熄火，完成清洗工作。

⑥ 恢复车辆上的燃油管路连接，恢复熔断器安装，重新起动车辆。

⑦ 清理工作环境，整理工具。

(3) 免拆清洗进气道、燃烧室、三元催化转化器

1) 三元催化转化器工作原理。三元催化转化器位于发动机排气管中，它通过氧化还原反应，将发动机排放的三种有害物CO、HC和NO_x转化为无害的二氧化碳、水和氮气。汽车使用一段时间后容易出现三元催化器污染堵塞，甚至中毒失效，引发车辆出现尾气超标、排气不畅、动力下降、油耗增加等一系列问题。清洗三元催化转化器的专用清洗剂如图7-16所示。

2)"吊瓶"清洗三元催化转化器操作过程。

①拧开清洗剂瓶盖,一端将专用清洗工具连接到清洗剂瓶口,另一端连接到节气门后的真空管接口处,如图 7-17 所示。

图 7-16 三元催化转化器清洗剂

图 7-17 专用工具的连接
a)接清洗剂 b)接真空管

也可以将清洗液倒入专用的清洗吊瓶,这种吊瓶可以承受更高的压力,保证操作的安全可靠,这种专用清洗吊瓶还可以调节高低压清洗。专用清洗"吊瓶"如图 7-18 所示。

a)

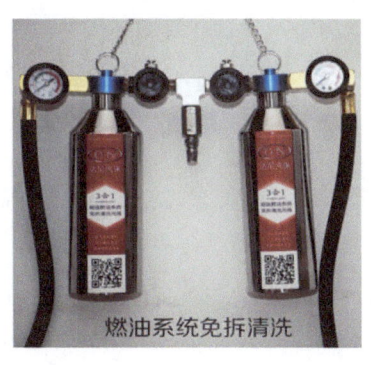

b)

图 7-18 专用清洗"吊瓶"
a)单吊瓶 b)双吊瓶

②起动发动机,待冷却液温度上升至正常温度时(90℃),拔掉进气管上的一条真空管,把胶管接在吊瓶的接头上。拧开流量控制阀,将流量调制 mL/min,在怠速状态下,让清洗液进入发动机中,全部清洗时间需要 40~60min,如图 7-19、图 7-20 所示。

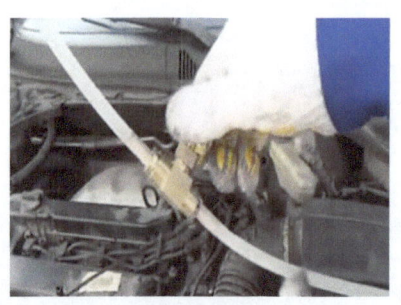 

图 7-19　打开流量控制阀　　　　　图 7-20　清洗过程

③每隔 3min，把流量控制阀关紧，然后踩加速踏板 3 次，把清洗下来的油泥和积炭去除。

④清洗完毕后，将发动机管路重新接好。

⑤点火起动车辆，怠速运转 5~10min，排净残液。

⑥整理工作场地，摆放工具。

清洗对比照片如图 7-21 所示。

图 7-21　清洗前后对比

（4）更换火花塞　车辆在行驶 30 000km 左右时，火花塞电极之间会因为长期点火产生烧蚀，或由于积炭沉积导致间隙改变，此时，我们需要对火花塞进行更换作业。更换火花塞步骤如下：

①准备工具。首先要准备好更换火花塞的工具——手扳和套筒，套筒的尺寸根据车型的不同而不同，但只要能找到拧下螺钉的套筒型号即可，如图 7-22 所示。

②打开发动机舱，某些车型在发动机上面还有个塑料的发动机罩，要拆下发动机罩，如图 7-23 所示。

③拔出高压线圈插头，然后慢慢将点火线圈取出（可以适当左右摇晃拔出），如图 7-24 所示。

④用 16mm 火花塞专用套筒拧掉火花塞，如图 7-25、图 7-26 所示。

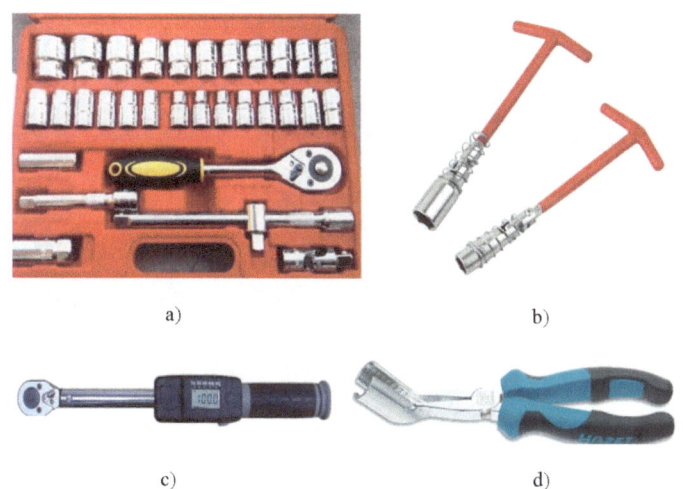

图 7-22　火花塞拆装专用工具

a）棘轮扳手　b）火花塞专用套筒扳手　c）扭力扳手　d）火花塞卡钳

图 7-23　拆卸发动机舱装饰盖

a）整车照片　b）拆下装饰盖

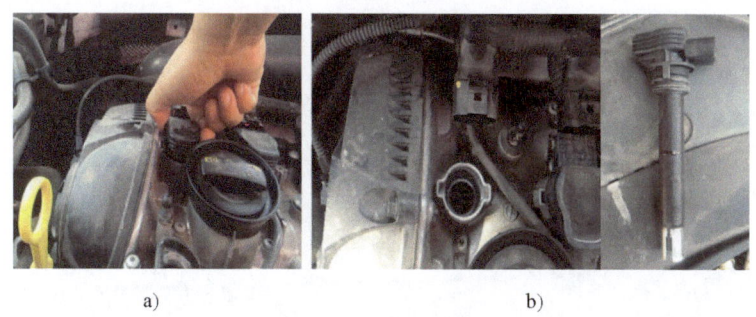

图 7-24　拆卸高压线圈

a）用手拔出高压线圈插头　b）拔出的高压线圈

图 7-25 用专用套筒拆卸火花塞

a）套筒放置位置 b）套筒近图 c）卸下火花塞

图 7-26 拆卸下来的火花塞

⑤装上新火花塞并用火花塞套筒拧紧，如图 7-27 所示。

图 7-27 安装新火花塞

⑥装上高压线圈并将插头插紧，如图 7-28 所示。

a) b)

图 7-28 装复高压线圈

a）安装高压线圈 b）按紧插头

⑦装上发动机装饰盖，合上发动机罩，如图7-29所示。

a) b)

图7-29 装复完毕

a）四个火花塞安装完毕 b）安装发动机装饰盖

几点需要注意的地方：

①在准备更换前，车辆要熄火冷却一定的时间之后再开始更换。

②注意整个操作的清洁情况，一定擦除点火线圈周围的灰尘油污，如果进入燃烧室内，会产生严重不良影响，尽量戴上手套操作。

③拧所有螺纹的时候，要力度均匀、直上直下，以免螺纹破裂。

④安装完成后，检查点火线圈接线，打火试车。

以上简单介绍了节气门清洗、三元催化转化器清洗、喷油器清洗、更换火花塞的相关步骤，这几项操作是车辆在30 000km时基本都会进行的重要操作，至于机油更换、胎压监测等操作项目的具体操作过程，我们在之前的任务中已经进行过实训练习，这里就不再重复了。

三、决策

分组，各小组选出一名负责人，组员按负责人要求完成相关任务，根据任务内容制订轿车30 000km保养工作计划并实施，完成表7-13的填写。

表7-13 决策表

序号	任务内容	操作人
1		
2		
3		
4		

（续）

序号	任务内容	操作人
5		
6		
7		
8		

四、计划

根据任务内容制订小组任务计划，简要说明任务实施过程的步骤及注意事项。并将计划内容等填入表 7-14 中。

表 7-14　任务计划表

车型：　　　　　　　　　　　　　　　　　　　任务内容：30 000km 保养

项目	序号	任务步骤	工具／辅具	注意事项
清洗节气门	1			
	2			
	3			
	4			
清洗三元催化转化器	1			
	2			
	3			
	4			
清洗喷油器	1			
	2			
	3			
	4			
更换火花塞	1			
	2			
	3			
	4			

五、实施

按照计划内容实施,记录实施结果在表 7-15 中。

表 7-15 一汽大众新速腾轿车常规保养项目单

一汽大众特许经销商(服务)
常规保养单
车型:New Sagitar GP(2012.04)

用户姓名	牌照号	底盘号	领证日期	行驶里程(km)	保养日期

保养间隔			一汽大众特许经销商新速腾轿车 常规保养项目单	合格	不合格	消除
10 000km 或 1 年之后每 10 000km 或每 1 年定期保养	10 000km 或 1 年定期保养	5 000km 首次保养	1. 自诊断系统:查询故障存储器			
			2. 发动机及发动机舱内的其他部件:目测检查是否有泄漏或损坏			
			3. 蓄电池:检查固定情况,电眼颜色(免维护蓄电池无电眼检查蓄电池电压及其电解液位)			
			4. 制动液:检查液位,必要时添加			
			5. 风窗清洗液:检查液面高度,必要时添加			
			6. 冷却液:检查液面高度及浓度(防冻能力),必要时添加冷却液或调整浓度			
			7. 发动机机油及机油滤清器:更换(注:如拆卸油底壳放油螺栓,按要求更换放油螺栓)			
			8. 前、后制动摩擦衬块:检查厚度			
			9. 所有轮胎(包括备胎):检查花纹深度及磨损形态,消除轮胎上的异物			
			10. 车身底部防护层和底饰板:目测检查是否破损			
			11. 制动系统:目测检查是否有泄漏和损坏			
			12. 变速器、主减速器及等速万向节防护套:目测检查有无泄漏或损坏			
			13. 转向横拉杆球头:检查间隙、紧固程度及防尘套状况			
			14. 车轮:进行换位,并检查车轮螺栓拧紧力矩			
			15. 轮胎气压:按要求检查,必要时校正(装备胎压监控指示器的车型校正胎压后需重新标定)			
			16. 车门止动器、发动机罩锁扣:润滑			
			17. 装备 TSI 发动机的车型:加注燃油添加剂 G17			
			18. 保养周期指示器:复位			
			19. 试车:检查制动器、驻车制动器、变速器、离合器、转向及空调等功能,查询故障存储器,终检			

（续）

保养间隔			一汽大众特许经销商新速腾轿车常规保养项目单	合格	不合格	消除
10 000km 或 1 年之后每 10 000km 或每 1 年定期保养	10 000km 或 1 年定期保养	5 000km 首次保养	20. 检查安全气囊和安全带状态及安全气囊罩壳是否损坏			
			21. 警告标签：检查是否完好			
			22. 车内所有开关、车内照明、用电器、显示器和仪表各警报指示灯：检查功能			
			23. 滑动/外翻式顶窗：检查顶窗功能、清洗导轨并用专用润滑脂润滑、清洁导流板、清洁并润滑顶窗密封条			
			24. 车外前部、后部、行李舱照明灯等所有灯光状态和闪烁报警装置、静态弯道行车灯、自动行车灯控制：检查功能			
			25. 风窗刮水器、清洗器：检查功能，必要时调整喷嘴			
			26. 空气滤清器：清洁壳体，检查滤芯状态，必要时采取相应维修保养措施			
			27. 主销球头防尘套、前后车桥橡胶金属支座、连接杆及稳定杆橡胶金属支座：目检是否损坏			
			28. 前后部螺旋弹簧和缓冲块、塑料防尘罩：检查是否损坏			
			29. 排气系统：检查是否有泄漏或损坏及紧固程度			
			30. 前照灯：检查光束，如必要，调整前照灯光束			
其他保养项目			31. 装备 SRE 发动机的车型：更换火花塞（首次 30 000km，之后每 30 000km）			
			32. 装备 TSI 发动机的车型：更换火花塞（首次 20 000km，之后每 20 000km）			
			33. 空气滤清器：更换滤芯，清洁壳体（首次 20 000km 或 2 年，之后每 20 000km 或每 2 年）			
			34. 粉尘及花粉过滤器：清洁外壳，更换滤芯（每 10 000km 或每 1 年更换）			
			35. 多楔带：检查状态，必要时更换（首次 30 000km 或 2 年，之后每 30 000km 或每 2 年）；每 120 000km 或每 6 年更换多楔带			
			36. 燃油滤清器：更换（首次 60 000km 或 4 年，之后每 60 000km 或每 4 年）			
			37. 正时传动带及传动带张紧轮：每 90 000km 检查，必要时更换；每 120 000km 更换			
			38. 水泵同步带：每 90 000km 检查，必要时更换；每 120 000km 更换			
			39. 09G 型自动变速器：检查 ATF 润滑油油位必要时添加（每 20 000km）；			
			40. 02E 型双离合器变速器：更换 DSG 油和滤清器（首次 60 000km，之后每 60 000km）			
			41. 带气体放电灯泡的前照灯（氙灯）：进行基本设置（首次 60 000km 或 4 年，之后每 60 000km 或每 4 年）			
			42. 更换制动液：非营运车-首次 3 年，之后每 2 年；营运车-每 50 000km/2 年			

（续）

注意：◆所有保养项目，请检修工根据车辆行驶里程/时间进行选择（以先达到者为准）。 ◆加注机油时应小心防止机油溅出；机油加注完毕后务必拧紧机油加注口盖，并清洁机油加注口及气缸盖罩周围的油渍，保证其清洁无油渍。 ◆本项目单的保养内容是根据汽车正常行驶情况下制定的，对于经常在恶劣条件下使用的车辆，某些保养内容需在两次保养间隔之间提前进行。特别是经常停车/起动及经常在低温条件下使用的车辆，应经常检查机油油位，并定期更换机油。经常在高尘环境或地区使用的车辆应增加清洗壳体及更换空气滤清器滤芯的频次。 ◆每次保养时请在表格上方的行驶里程表上打勾。 ◆装备TSI发动机的车型：每次定期保养（包括5 000km首次保养）建议加注燃油添加剂G17，并需由用户购买。 ◆检查是否加装或改装其他电气设备或机械附件，并在本次保养单备注中注明"有"或"无"，若"有"，请详细注明！
维修技师签名：　　　　　　　　质量检验员签名：　　　　　　　　客户签名：
合格＝已检查未发现缺陷　　不合格＝检查中发现缺陷　　清除＝按维修信息消除缺陷
备注： 　　_____ 　　_____ 　　_____ 　　_____ 　　_____ 　　_____ 　　_____

六、检查

1. 自检

将自检结果填入表7-16中。

表7-16　项目检查表

序号	保养项目	各项目是否齐全保养	不合格项是否消除
1	发动机部分	是□　否□	是□　否□
2	底盘部分	是□　否□	是□　否□
3	用电器及车身部分	是□　否□	是□　否□

2. 互检

将互检结果填入表7-17中。

表 7-17 项目检查表

序号	保养项目	各项目是否齐全保养	各维护保养工具是否复位
1	发动机部分	是□ 否□	是□ 否□
2	底盘部分	是□ 否□	是□ 否□
3	用电器及车身部分	是□ 否□	是□ 否□
4	工位是否清理	是□ 否□	是□ 否□

七、评估应用

对照项目确认表 7-18 中的项目内容，检查评估发动机保养维护工作项目，并根据实际操作内容完成表 7-18 的填写。

表 7-18 轿车常规保养检查确认表

保养项目	保养内容	完成情况	备注（处理措施）
5 000km 首次保养	发动机部分		
	底盘部分		
	车身和电器部分		
10 000km 或 1 年定期保养	发动机部分		
	底盘部分		
	车身和电器部分		
10 000km 或 1 年定期保养之后的 10 000km 或 1 年定期保养	发动机部分		
	底盘部分		
	车身和电器部分		

附录 常用工具和仪器

（续）

 千分尺	 前束尺	 百分表	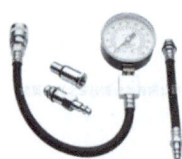 气缸压力表
 轮胎气压表	 燃油压力表	 发动机进气歧管真空表	 喷油器清洗仪
 车身外部清洗仪	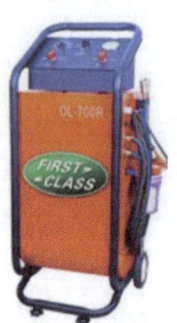 发动机润滑系统免拆清洗机	 发动机冷却系免拆清洗机	 自动变速器液力传动油清洗更换机
 汽车空调冷媒加注机	 轮胎拆装机	 轮胎充氮机	 制动液更换机

（续）

 润滑脂加注设备	 汽车前照灯检测仪	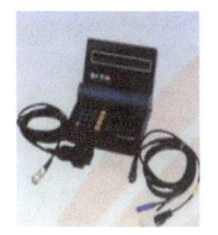 专用汽车故障诊断仪	 用型汽车故障诊断仪
 汽油车废气分析仪	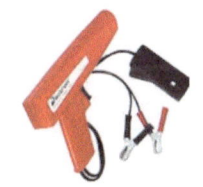 点火正时灯	 汽车车轮平衡机	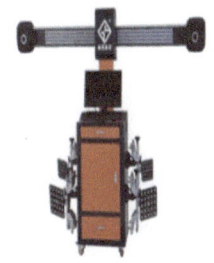 四轮定位仪
 转向盘自由转动量测量仪	 汽车润滑油质检测仪	 卤素检漏仪	 底盘测功机

参考文献

[1] 陈浮,杨正荣,罗伟.汽车整车维护与检修[M].沈阳:东北大学出版社,2014.
[2] 谭本忠.汽车维护与保养图解教程[M].北京:机械工业出版社,2008.
[3] 左适够.汽车保养[M].北京:中国铁道出版社,2011.
[4] 范爱民,张晓雷.汽车维护与保养[M].北京:清华大学出版社,2015.